〈多文化共生〉8つの質問
―子どもたちが豊かに生きる 2050 年の日本―

佐藤友則[著]

学文社

まえがき

　安部首相の靖国神社参拝の波紋が世界に広がる中で2014年の日の出を迎えました。

　いつの時代においても，「今は波風の立たない穏やかな時期だ」と同時代人が感じることはないと思いますが，昨今の情勢は「波浪注意報から波浪警報に変わりつつあるのでは？」という危惧を抱かせます。靖国参拝，TPPをめぐるやりとり，さらに消費税増税などあげればキリがありませんが，以前の日本に見られなかった現象として，2012年から全国に広がったヘイト・デモの存在があります。このヘイト・デモでとくに在日朝鮮・韓国の人びとに向けられる憎悪の激しさは，日本人の一線を越えたレベルのものといっていいでしょう。

　一方で，子どもたちの本質は昔も今も何も変わっていません。身体全体で遊び，泣き，寝て，成長していっています。親の事情によりそのような「子ども性」の自然な発露が制限されることが多くなったとはいえ，「頭」よりも「身体」と「感性」で生き，育つ子どもたちが今でも多く見られます。その後，彼らは自分の周りの世界に気づき，認識し，再構成を始めます。そのときに子どもたちは周囲の日本社会をどのように見，認識していくのでしょうか。

　本書は，そのような日本の情勢，子どもたちの状況を念頭において書きあげたものです。とくにヘイト・デモの対象とされることの多い「日本に住んでいる外国の人びと」と，私たち日本人とがお互いWinWinの関係でつくり上げる「多文化共生」社会について述べています。具体的には，長野県松本市で年に一度開催されるお祭り「こいこい松本」を背景に，一人の少年が何かに気づき，何かあるのではと考えこみ，何かを求めようとして動き出すところから始まります。そして，「住んでいる外国の人びと」の状況の説明，実際に松本市で行われている多文化共生の活動の紹介を経て，最後に少年の「新たな大きな

疑問」とそれへの解が示されます。

　目標時点とするのは「2050年の日本」です。最近，2020年の第2回東京オリンピックと2030年の日本，この2つの将来像がクローズアップされることが多くなっています。ただ，たった6年後と，戦略を練るには短い16年後だけでなく，今の子どもたちが中年となり日本社会の主力となる36年後の2050年までに，戦略的に日本をどの方向にもっていけばいいのか，そのために2014年の今は何をすべきなのか。いわば，今の子どもたちにどんな日本を遺すつもりなのか。それには，「日本で自分の人生のかなりの部分を過ごそうと考える外国の人びと」と，「これから日本に来ようかと考えている外国の人びと」，彼らの存在を無視しては語れないだろうと考えました。

　現在，テーマとしては決して旬ではない「多文化共生」という課題ですが，20世紀中盤過ぎに多くの欧州諸国が取り組み，21世紀に入ってから複数のアジア諸国が新たに導入を始め，現在，どの国も悩みつつも「住んでいる外国の人びと」の力を自国の発展に生かそうと努力しています。そのことからわかるように，多文化共生の重要性は忘れ去られるどころか，消費税増税などと同等に戦略的に考える必要があるものです。そのことは奇しくもヘイト・デモのメンバーが証明してくれています。攻撃対象として「日本に住んでいる外国の人びと」を取り上げることで。

　本書を手にされた読者が多文化共生という課題の大きさ・むずかしさ・有効性・楽しさに興味をもってくださり，2050年を生きる「今の子どもたち」にどんな日本を遺すかを考えるきっかけにしてくだされば，これに勝る喜びはありません。

　　2014年2月

　　　　　　　　　　　　　　　　　　　　　　　　　　　　佐藤　友則

目　　次

まえがき

第1章　「こいこい松本」で　―子どもたちが見て感じた多文化社会―　………5

　1　ピニャータ　　2　ハーフってズルい？
　質問1　どうして外国の人が日本に，松本に住んでいるんだろう？　7
　3　松本市多文化共生プラザにて
　質問2　外国の人はどんなことで困っているんだろう？　9
　4　多文化共生に関する調査
　質問3　外国の人が一緒に住んでいると「いいこと」って何かなぁ？　10
　5　世界スタンプラリーをしながら
　質問4　韓国には，外国の人はたくさんいるの？　そして，どう付きあっているの？　12
　6　ポスター・セッションを見ながら
　質問5　日本語教室って何？　日本語ボランティアってどんな人たち？　14
　7　NPO　中信多文化共生ネットワーク（CTN）
　質問6　NPOって多文化共生でどんなことをしているんですか？　16
　質問7　どうやってCTNと市役所との協働はできてきたんだろう？　17
　8　民族衣装のファッション・ショー　　9　子どもが見て感じた多文化社会への質問
　10　友多の決意

第2章　多文化共生社会の現状と課題の分析　―友多の質問への回答―　……22

　回答1　日本政府の戦略なき外国人の受入　22
　　1　「外国籍」という用語がもつ問題　　2　どのような用語が妥当なのか　　3　在日韓国・朝鮮人および日系南米人がどうして日本に住んでいるのか
　回答2　日本語教育未整備，疎外意識，子どもへの支援不足，日本の生活ルールの指導不足など　31
　　1　日本語「特殊」論　　2　外国由来の人向け日本語教育プログラムの未整備　　3　日本人の外国由来の人に対する「疎外意識」　　4　外国由来の子どもへの教育未整備　　5　生活上のトラブル
　回答3　多様性，地域でのつながり，グローバル人材の地域での育成，日本を深く知る　61
　　1　楽しさ＆おいしさ　　2　日本社会への多様性の導入　　3　地域での実際の「人」

のつながり　　④ グローバル人材の地域での育成　　⑤ すぐれた外国由来の人に「助けてもらう」　　⑥ 少子化対策との兼ね合い　　⑦ 日本を深く知る

回答4　法律と組織の整備は十分，共生の意識は不十分　77
　　① 韓国の多文化共生の進展―基本法制定―　　② 韓国の多文化共生の問題点

回答5　草の根レベルでの民間外国人支援，日本語ボランティア養成の効果　82
　　① 地域の日本語教室　　② 行政との連携　　③ 外国由来の学習者の減少とコミュニティ　　④ 日本語ボランティア養成講座

回答6　行政が担当しにくい多文化共生にかかわる業務を行政と協働しつつ運営　90
　　① NPO と日本語教室などの市民団体とのちがい　　② NPO と多文化共生　　③ 行政との「協働」

第3章　松本市における NPO と行政との協働　　94

回答7　人との出会い，行政からの提案・働きかけ，関係者との話し合い，信頼関係　94
　　① CTN 発足前の松本市の多文化共生の状況　　② 信州大学国際交流センターから松本市中央公民館への働きかけ　　③ 松本市中央公民館の回答と提案　　④ 松本市中央公民館からの提案の受諾と協働開始　　⑤ 松本市中央公民館主催の「企画会議」の開始　　⑥ 市民団体「中信多文化共生ネットワーク〈CTN〉」の設立　　⑦ CTN 設立当初の閉塞感　　⑧ 松本市役所に多文化共生担当係の設置　　⑨ 松本市子ども日本語支援センターの設立　　⑩ NPO 法人格の取得　　⑪ 松本市多文化共生推進プランの作成・成立　　⑫ 松本市の「外国籍住民に係る実態調査」の実施　　⑬ 松本市多文化共生プラザの設置　　⑭ CTN と行政とのほかの協働の事例　　⑮ 協働の実現と今後の活動へのヒント

第4章　8つ目の質問　―ともに考える 2050 年の日本―　　139
　　① 一小学生の迷い　　② 多文化「強制」　　③ グローバル化，多文化共生に関する現在の日本の暗い側面　　④ 友多の8つ目の質問

質問8　これから日本政府は，国は，何をするべきなんだろう？　148
　　⑤ 国の多文化共生に関する施策　　⑥ 2050 年の日本社会を見すえて

回答8　外国由来の人に関する基本法を制定する　155
　　① 外国由来の人に関する基本法制定へ　　② 友多のこれから

注　記　161
参考文献　167
索　引　171

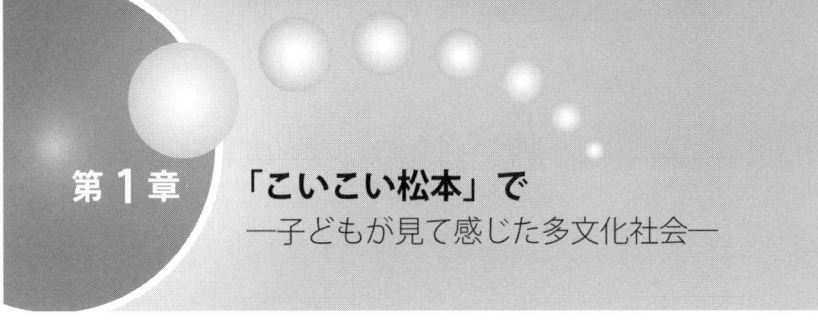

第1章 「こいこい松本」で
―子どもが見て感じた多文化社会―

1 ピニャータ

バーン！

バラバラバラッ

友多が無我夢中で振りまわしたバットは，人形のお腹に命中した。人形のおなかからはたくさんのお菓子がこぼれ落ちてきた。友多の周りの小さい子たちは，一生懸命にそのお菓子を拾い集めている。一瞬，何がどうなったかわからなくなっていた友多も，あわてて自分の足もとのお菓子を拾いあげた。

今日は2013年6月23日，多文化共生と国際交流の祭り「こいこい松本」の日。友多は友だちの拓夢，愛里と一緒に祭り会場の長野県松本市のMウイング[1]に来ている。友多は12歳，小学校6年生である。ここは6階建てのそれなりに大きなビルなのだが，その中を歩き回っている多くの人々の熱気で，さきほどから友多も拓夢も真っ赤な顔をしている。両親が日曜に仕事をしている友多は，拓夢，愛里の家族と一緒にこのお祭り会場に来て遊びまわっていた。そして2階の「多文化ふれあいコーナー」でピニャータという遊びをしているのを見て，やってみたのだった。

ピニャータはメキシコの子どもた

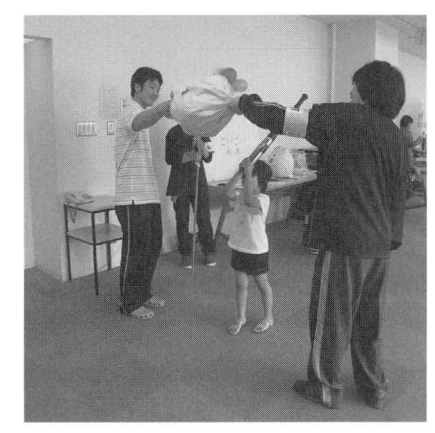

メキシコの遊び「ピニャータ」

ちの遊びだ。紙でつくられた大きな人形のおなかに飴やガム，チョコなどのお菓子を入れておく。そして子どもたちは，人形のおなかを狙ってバットを振る。うまくバットが当たればおなかが開き，中からお菓子が飛び出してくる。

2　ハーフってズルい？

　この2階に来る前に友多たちは3階にいた。3階は，このお祭り「こいこい松本」で一番多く人が集まる「世界のフードコート」だ。モンゴル，韓国，アフリカ，オランダ，中国，ブラジルなど世界15カ国の料理のブースが所狭しと並んでおり，ブースの近くは黒山の人だかりになっている。どれもおいしそうで，会場にはさまざまな匂いが充満している。

　友多がふと見ると，隣のテーブルでは色の黒い，穏やかな顔立ちの女性が子どもにご飯を食べさせている。その向こうにいる男性は日本人のようだ。子どもは少し浅黒い顔に日本的な目鼻立ち。この黒人女性と日本人男性との子どもなのだろう。

　友多と同じようにその子を見た愛里と拓夢が言った。

　　愛里「ハーフだね。日本語，話せんのかな。
　　　　お兄ちゃんの中学にもタンザニアの父ちゃんと日本の母ちゃんのハーフがいて，サッカーめちゃスゴいんだってよ。フォワードでさ，誰も止められないんだって」
　　友多「へー，すごいんだ」
　　拓夢「ズルいよな，ハーフって。日本人とハーフじゃ体の強さ，ちがうんだから。黒人にはかなわないよ」

　友多はデザートのペルーのクッキー・サンドをほおばりながら，ふと「ハーフ，ズルい？　そうなのかな…」と思った。

「世界のフードコート」の様子

「こいこい松本」は，2010年に始まった「多文化共生と国際交流の祭り」で，1500人以上の人が集まる松本市では最大の「外国の人および文化と関わる祭り」である。NPO法人[2)]中信多文化共生ネットワーク（CTN）が松本市や塩尻市の国際交流団体などと一緒に始めたもので，松本市中央公民館が共催[3)]している。

イタリアの3分間プレゼンテーション

　友多は，改めて3階の世界のフードコートを見まわしてみた。この建物に入ってきたときにも驚いたのだが，一見して外国人とわかる顔の人が数多くいる。それに「日本人かな？」と思われる顔の人も，話を聞いてみると日本語を話していない。とにかく，小さい町のなかから1500人以上が集まるこの祭りには，非常に多くの外国の人が集まってきているのだ。アフリカ料理のブースには体格のいい黒人さんが4人並んでいたし，ペルー料理では派手な民族衣装を着た南米系[4)]の女性が「おいしいよー」と日本語で声をかけてきた。しかも留学生ではなく，先ほどの黒人のお母さんのように，日本の田舎の町である松本市に落ち着いて住んでいると思われる人を何人も見かける。60歳ぐらいのあの女性も南米系だろうか，顔の彫りがすごく深い。30代ぐらいの浅黒い顔の夫婦も子どもをつれて歩いている。結構，長くここに住んでいる人たちのようだ。

　友多「この人たちは，どうして松本に住んでるのかなぁ」
　ふと友多の頭に疑問がうかび，思わずそれを口にしていた。

質問1 どうして外国の人が日本に，松本に住んでいるんだろう？

　拓夢「そりゃ日本が豊かな国だからさ。金，稼ぎに来てるんだよ」
　友多「お金？」

拓夢「そうさ，ブラジルとかじゃあまり稼げないけど，日本に来ると3日で
　　　　ブラジルの1ヵ月分ぐらい稼げる[5]って話だよ。だから，どんどん来
　　　　たんだよ」
　　友多「そうなのかなぁ…」
　友多は，テレビで日本にいるブラジル人が仕事がなくて苦しんでいるという
番組を，なんとはなしに見ていたことがある。あれは2010年ごろ[6]，3年ぐ
らい前だ。日本は，そんなに稼げる国なんだろうか。友多は，そんなことを考
えながら2階に向かう拓夢と愛里のあとを追った。

3　松本市多文化共生プラザにて

　友多たちが3階入口のほうに行くと，「松本市多文化共生プラザ」[7]という
看板があるスペースがあった。ゆっくり相談ができるようなカウンターがあり
「相談カウンター，お気軽にどうぞ」と書いてある。友多が入口に貼ってある
大きなポスターをじっくり読んでみると，Consulta Portugues[8]と書かれてい
る。友多は小学6年生で少し英語を勉強しているため，アルファベットを見る
のは慣れているが，これは全然わからない。よく見ると，横に小さく日本語で
「ポルトガル語相談　毎週火曜日」と書いてある。その下は「中国語相談　毎
週月・木曜日」「タイ語相談　毎週土曜日」「タガログ語[10]相談　第2・4土
曜日」となっている。
　　「ポルトガル語[9]？　なんでポルトガル語なんだろ？　英語じゃないの？
　　それにタガログ語？　聞いたことないな。何かヘンなところだなー」
　これが友多の松本市多文化共生プラザへの第一印象だった。ポスターには大
きく「わからないことや　こまったことがあったら　こちらへどうぞ」とも書
いてある。
　　「ふーん，ポルトガル語とかの横にあるんだから，これは外国の人に読ませ
　　るために書いてあるんだろうな。でも，困ったこと？」

> 質問2 外国の人はどんなことで困っているんだろう？

　友多は，その問いを口に出してつぶやいていた。友多の横に来てそれを聞きつけた愛里が言った。
　　愛里「外人は日本語できないんだ。日本に住んでるのに。そんで，周りの人とトラブル起こしたり，すぐクビになったりしてるんだよ」
　　友多「でも，この祭りに来てる人たちは，ちゃんと日本語を話してるじゃないか」
　　愛里「そんなのほんの少しだよ。ほとんどは日本語を話せないよ。むずかしいもん」
　　友多「日本語って，そんなにむずかしいの？」
　　愛里「そうに決まってるじゃない。日本語は日本人しか使わないの，特別なんだよ。外人が話せるようになるのはすごく大変なんだ」
　　友多「まぁなー，僕も自分の言いたいこと言うの，大変だもんな」
　　愛里「そうでしょ。日本人でも日本語使うのは大変なのに，外人に使いこなせるわけないじゃない」
　それを聞いて，友多は一応うなづいたが，どこか釈然としないものがあった。
「日本語って，ほんとにそんなに話すの大変なのかな？　外国の人が困ってることって，日本語がむずかしいってことかな？それだけかな？」

4　多文化共生に関する調査

　日本の人と外国の人とが楽しげに歩いたり見たり遊んだりしている祭り「こいこい松本」の会場を歩きながら，友多の頭からはその疑問が消えなかった。みな笑顔だ。日本人はもの珍しそうに見て回り，外国の人はどこかの言葉で「Quanto tempo！(久しぶり：ポルトガル語)」「어떤게 맛있었어？(どれがおいしかった？：韓国語)」と大声でやり取りしている。この建物から一歩外に出れば日本人ばかりの「日本人ワールド」なのに，ここだけは世界の顔の博覧会の

ようだ。ふと友多は、「外国の人が近くにいるといいな」と思った。
「拓夢！　上に行くぞー」大きな声がするほうをみると拓夢のお父さんが手招きしている。拓夢のお父さんはサラリーマンで、ウチがあるのは松本市内では比較的、外国の人が多く住んでいる場所だ。そこで友多は、拓夢のお父さんに聞いてみることにした。

質問3　外国の人が一緒に住んでいると「いいこと」って何かなぁ？

　　拓夢の父「いいことなんて大してないんじゃないか？面倒ばかり多くて」
　拓夢のお父さんの顔に不満そうな表情が浮かんだ。
　　拓夢の父「だいたいさー、日本語勉強しようともしないで同じ国の人とばかり付き合って、日本のルールも守ろうとしないんだよ。日本語わからないからルールも知らないんだろうけどよ」
　　友多「そんなに外国の人、ルール守らないの？」
　　拓夢の父「そうさ、ゴミなんてヒドいもんだよ。曜日関係なしにボンボン出すし、テレビとか回収できないものも出すし。テレビなんか回収のトラックがもってかないから、何カ月もゴミ捨て場に置きっぱなしになってたんだ。しょうがないから俺が金払って業者に回収してもらったんだよ」
　拓夢の父の怒りと不満を感じて、友多はそれ以上聞くことができなかった。

　松本市が2011年に市内に住む日本人と外国人を対象に行った多文化共生に関する実態調査がある。松本市役所が信州大学人文学部に委託し、社会調査を専門とする教員が中心になってプロジェクト・チームをつくって実施したものである。日本人住民および外国籍住民、さらに外国人を雇用する企業も調査対象とした。
　その日本人住民への調査結果のなかに「外国人への抵抗感」という項目がある。その結果をみると、松本市全体では「（外国人への）抵抗感がない」が「抵

抗感がある」を上回っている。ところが拓夢の住む場所のように外国人が多く集まって住んでいる，いわゆる「集住地域」[11]になると，「抵抗感がある」が「抵抗感がない」を上回っているのである。これは松本市だけに見られる傾向ではなく，全国的なものといってよいだろう。

5　世界スタンプラリーをしながら

　歩いていると愛里が駆け出した。
　　愛里「あっ，韓国みっけ！」
　　友多「何，なんのこと？」
　ついて行くと，愛里は髪が長いお姉さんにプログラムを見ながら「アンニョンハセヨ（こんにちは）！」と声をかけた。
　その髪が長い女性はどこかで見た国旗を身体の前後につけている。白地に，いろんなマーク[12]がついている。女性は，愛里にニッコリ笑いながら「アンニョンハセヨー，チョウムペーッケッスムニダ（初めまして）」と滑らかな発音で言った。そして隣にしゃがみこんで，愛里のプログラムを受け取ってバインダーに置いた。愛里は，その女性が指さしているプログラムの一部分を「カムサハムニダ！（ありがとう）」と読んだ。
　友多はそのときになって，3階の受付の人がスタンプラリーの説明をしていたことを思い出した。これは世界スタンプラリーといい，「こいこい松本」の大事な活動の1つだ。国旗を身につけた多くの外国人が会場内を自由に歩いている。来場者は，スタンプカードとその国旗の人を見比べ「あれがドイツの人だ」と認識し，「こんにちは」のドイツの行に書いてある「グーテンタク」と声をかける。すると，そのドイツ人が完璧な発音で「Guten Tag！」と返してくる。

スタンプラリーの出場者（左からタイ・ブラジル・韓国・オランダ・ロシア・モンゴル・ミャンマー・中国の人たち）

それからいろいろなやり取りが始まる。子どもたちにとくに人気のある活動だ。日本にいては普段なかなか会えない、その国の人に直に会うこと、カタコトの発音ではあるけれどその国の人と実際に言葉のやり取りすることを「こいこい松本」では大事にしている。

愛里が「アンニョンヒカセヨ！（さようなら）」と元気に言うと、韓国女性は「チャル　デッソヨ（よくできました）。アンニョンヒカセヨ！」と答えて愛里に韓国の国旗シールを渡してから、友多のほうに向きなおった。そして、「君もスタンプラリー、やるの？」と流暢な日本語で話しかけてきたので、友多は安心して「うん、してみたいです」と答えた。

「アンニョンハセヨ」とスタンプカードを読み、次は「カムサハムニダ」と読む。発音に少しおかしなところがあると、韓国のお姉さんがすぐに正しく言い直してくれる。あいさつをいくつか読んだあとは選択問題になる。

韓国女性「韓国で一番大きい街は？」

友多「ソウル！」

スタンプラリーはこのように進んでいった。最後の「アンニョンヒカセヨ」を終えるとお姉さんは拍手をしてくれた。

韓国女性「ハングッサーラム　カッテヨー！」

友多「え、何？　どんな意味？」

韓国女性「韓国人みたい、って言ったの。発音がほんと上手だったから」

気をよくした友多は、この韓国の女性ともっと話を続けたくなった。そこで、次のように聞いてみた。

質問4　韓国には、外国の人はたくさんいるの？そして、どう付きあっているの？

韓国女性「そうねー、ずっと住んでる人は少ないんじゃないかな。私、ソウル出身だからいろいろ見てるけど、観光客はたくさんいるけど、働いてる外国人は、そんなに見ないよ。

でも、英語の先生は別。アメリカやカナダの先生は人気があって、

たくさんいて、韓国人と結婚して住みついちゃう人もいるんだ。」
　友多「じゃあ、ブラジルの人とかはいないの？」
　韓国女性「う〜ん、いるかもしれないけど、あんまり見たことないなぁ[13]」
　韓国のお姉さんの流暢な日本語での説明を聞いたあと、「アンニョンヒカセヨ」と言って別れてから友多は考えた。
「アメリカやカナダの先生は人気か…」
　考えてみれば、友多もアメリカとかオーストラリアをいいとは思うが、アフリカやインドを同じようにいいとは思っていない。それより近い中国や韓国にしても、アメリカと同じように「いいなぁ」とは思わない自分がいる。
「何でなんだろ？　英語を使うから？」
　でも英語を使う国じゃないけど、フランスに家族旅行に行く友だちを、うらやましいと思った。
「先進国だから？」
　しかし、このお祭り会場にいて、実際に歩いている外国人を見て友多は、「アフリカ人も白人もベトナム人もいるけど、こうしてみると同じ人間じゃないか」と思う。

　肌の色や体の大きさなどはちょっとちがうが、おなかがすけば食事をし、おいしいものを食べればニッコリし、旧友に久しぶりに会えば大喜びする。していることは、友多と何も変わらない。それがテレビやインターネットで見、聞き、読むなどすると、「アメリカやオーストラリアが上」と思うようになってしまう。本能的に友多は、「なんかイヤだな」と感じた。

浴衣を着た松本在住のタイの人たち

6 ポスター・セッションを見ながら

　2階には，市民団体などの活動を紹介する多くのポスター[14]が貼ってある。歩きつつ，友多の目にふと入ってきたのは「日本語教室」と書いてあるポスターだった。ポスターのなかには「日本語ボランティア[15]募集中！」と書いてあるものもある。

　そのポスターの前で，友多は「ふーん，なんだろ，これ？」と思った。

> **質問5** 日本語教室って何？　日本語ボランティアってどんな人たち？

　　拓夢の母「ああ，探してたんだ，これ」
　声がするので振り返ると，拓夢のお母さんだった。
　　友多「えっ，拓夢のお母さん，日本語，勉強するの？」
　　拓夢の母「ちがうよ，なんであたしが日本語，勉強しなきゃならないのよ。日本語を教えるの。ほら，ウチの近くって外国人たくさん住んでるじゃない？　でも，ほとんど付き合いないのよね。朝，顔を合わせても挨拶もしないし，お父さんも言ってたみたいにゴミ出しもちゃんとしないし」
　　友多「うん，そう言ってたね」
　友多は，拓夢のお父さんの怒った顔を思い出した。
　　拓夢の母「でもね，離れてて知らないまんま避けてるって，もったいないと思うんだよね。それなら日本語をブラジルとかいろんな国の人に教えて，少し近くなって，いろいろ話が聞けたらトラブルも減るじゃない？　料理とかも作ってもらえるかもしれないし。
　　　　私，（午後）3時あがりの日があるから，その日に日本語ボランティアできたらなーって考えてたんよ」
　　友多「ヘー，でも拓夢のお母さん，英語とかできるの？」
　　拓夢の母「できないよ，全然！（笑）　でもね，日本語ボランティアは英語ができなくたっていいんだって。日本語で日本語を教える[16]んだって」

友多は目を丸くした。そして,「日本語で日本語を教える？　日本語ができない外国の人に,日本語を使って日本語を教えるってこと？　そんなこと,できるんだろうか？」と思った。
　友多の小学校では,英語の先生は日本語を使って英語を教えている。説明は全部日本語で,英語はみんなで教科書を読むときに声を出したり,自己紹介したり,先生とごく簡単な会話をしたりするときだけだ。ちなみに,先生は日本人である。しかし,ALT[17]の先生が時折友多の学校に来る。アイルランド人で,その先生は日本語を使わない。その時間は英語を使いながら,クイズやゲーム,歌を歌ったりする。その時間は普段の英語の授業より多く英語を口にするが,まだ「話す」というほどではない。日本語ボランティアって,あのALTの授業のような感じなのだろうか。
　拓夢の母さんは,「あー残念！この教室,木曜の夜だから,私が3時あがりする日じゃないしー。むずかしいな。ほかを探そうっと」と言ってほかのポスターを見に行った。

7　NPO法人　中信多文化共生ネットワーク（CTN）

　少し先に「NPO法人　中信多文化共生ネットワーク（CTN）」と書いてあるポスターがあった。ほかのポスターを見ると,NPOと書いてあるポスターもあれば,書いてないポスターもあるようだ。それから,多文化共生という単語は,さっき見た「松本市多文化共生プラザ」にも使われていたもので,どうもこの単語がキーになりそうだ。しかし,NPOと多文化共生,この2つの単語はどういったつながりがあるのだろうか。友多が一人で考えてもわかりそうもない。
　ふと見るとCTNのポスターの前には一人の男の人がいて,ポスターの写真を貼り替えていた。この人はCTNの人にちがいないだろうと思い,友多は思いきって聞いてみることにした。

質問6 NPOって多文化共生でどんなことをしているんですか？

　眼鏡をかけたその人は，最初は驚いた顔をしたが，すぐにやさしそうな笑顔になって答えてくれた。

　CTNの人「いろいろ関心をもってくれたんだね。ありがとう。うれしいよ。ウチのNPOはね，わかりやすく言えば日本語教室[18]をやっているよ。松本市内に2つあって，そこで外国の人に日本語を教えているんだ」

　友多は，さっき愛里が「外人に（日本語を）使いこなせるわけないじゃない」と言っていたのを思い出し，その人に聞いてみた。

　友多「でも，日本語ってむずかしいんじゃないですか？　外国の人に日本語が上手に使えるようになるんですか？」

　CTNの人「確かに。完璧に使いこなすのは僕でも大変だね。僕もいつも苦労しているよ。でも，それはどんな言葉でも同じだろ？　人間が考えていることを完全に簡単に表す言葉なんてないもんな。

　　でもね，簡単なコミュニケーションするための日本語って考えたら，そんなにむずかしくはないんだよ。話したり聞いたりはね。けっこう早く日本語が話せるようになる人は多いよ」

　友多は「ふーん，そうなのか」と思い，もう1つ質問をしてみた。

　友多「日本語ボランティアになるのに英語は要らない，日本語だけでいいってほんとですか？」

　CTNの人「うん，そうだよ。英語は，できるならそれにこしたことはないけれど，できなくてもいいな。だって勉強しに来る人たちが英語ができないこともあるもの。僕はモンゴルや中国に留学してあちらの言葉が少しできるけど，英語より中国語のほうが役に立つよ」

　友多「へぇ。住んでいる外国の人は英語ができないこともあるんだ」

　友多は自分も英語が上手じゃないことを思って，少し親近感をもった。

　CTNの人「それから，日本語教室のほかに，ウチのNPOは松本市役所か

ら頼まれて仕事をしているよ。受託[19)]っていうんだ。そこにある『松本市多文化共生プラザ』がその1つ。

それから小学校とか中学校に行って，外国の小学生や中学生に日本語や，漢字なんかを教えるような仕事もやっているよ。こんなふうに市役所といろいろ一緒に仕事していることを協働ともいうね。協力して働くってことだよ」

CTNの人はもう少し話したそうにしていたが，拓夢が向こうで手招きしているのが見えたので，友多は「ありがとうございました」とお礼を言ってそのポスターの前を離れた。

拓夢は「早く6階に行くぞ。ファッション・ショーが始まっちゃうよ」と言って，エレベーターに向かった。拓夢と並んでエレベーターを待ちながら友多は考えた。

「ふーん，NPOっていろいろやってるんだな。外国の人に日本語を教えるのか。英語ができなくてもいいんなら，僕でもできるかな。

それと，受託とかいって，市役所から頼まれて仕事したりするのか。でも，市役所の仕事を引き受けるって，どういうことなんだろう？　あのCTNっていうNPOには，日本語を教えたり，国際交流のイベントを実施したりすることが上手な人がいるのかな。それと，協力して働くって言っていたなぁ」

質問7 どうやってCTNと市役所との協働はできてきたんだろう？

これもまた，友多が一人で考えてもわかりそうもなかった。

8　民族衣装のファッション・ショー

6階のホールで行われた「民族衣装のファッション・ショー」は，「世界のフードコート」「世界スタンプラリー」とともに「こいこい松本」のメインの活動である。美しい民族衣装に身をつつんだタイ，ミャンマー，ネパール，韓国，モンゴル，中国，ベトナムの人たちがステージに現れ，ホールに下りて観

民族衣装のファッション・ショー　　　　ミャンマー代表の3人
（説明しているのはタイ代表）

客のなかを歩いていく。歓声と拍手，フラッシュの嵐を見ながら友多はまだ考えていた。

「ファッション・ショーが終わるころには CTN のおじさん，帰ってるだろうな。もっといろいろ聞いておけばよかった。今日はいろいろ考えたなー。いろいろ見ているうちに，もっといろいろ考えちゃった」

それに，さっき6階で会った愛里の両親はこんな話をしてくれた。2人は3階で世界の料理を食べてからずっと，6階のステージを見ていたそうだ。

愛里の母「私たち，プログラムに朝鮮の舞踊とか南米民族楽器の演奏とか書いてあったから，それを楽しみに見に行ったの。実際，それはとてもよかったんだけどね，それだけじゃなくて，プログラムの合間に，外国の子どもたちが何回か出てきたのよ。そして自分たちの書いた作文を読んでくれた。

　私はブラジルとペルーのハーフだっていう子の作文をよく覚えてる。ペルーで生まれたけどお母さんたちと日本に来て，今は普通の日本の中学校で勉強してるんだって。日系だから，見た目は少し日本人とちがうぐらいだけど，言葉はスペイン語と日本語で全然ちがうから，すっごく日本語で苦労したみたい。とくに漢字。でも将来は通訳になりたいって夢を語ってた。ああいう子が松本にいるなんて全然知らなかったわー。応援したくなっちゃった」

愛里の父「僕はタイの人たちがやってた多文化共生の寸劇,あれがよかったな。彼らが,日本語がよくわからないから失敗しちゃったことをコミカルにやってくれておもしろかったんだけど,ところどころで『日本の皆さん,簡単な日本語でお願いします』ってメッセージが流れて,考えちゃったよ。

これぐらい上手に日本語ができて普通のコミュニケーションはとれても,さすがに敬語とかはわからないんだなって。それに日本社会の,日本人なら常識と思ってるいろいろなルールとかも。

僕も外国の人と話すことがあったら,ちょっと気をつけることにするよ」

友多は,愛里の両親の話を聞いて,「僕もそのタイの寸劇を見たかったな」と思った。

9 子どもが見て感じた多文化社会への質問

今日の「こいこい松本」に参加した友多が考えた質問を,もう一度整理してみよう。

質問1	どうして外国の人が日本に,松本に住んでいるんだろう?
質問2	外国の人はどんなことで困っているんだろう?
質問3	外国の人が一緒に住んでいると「いいこと」って何かなぁ?
質問4	韓国には,外国の人はたくさんいるの? そして,どう付きあっているの?
質問5	日本語教室って何? 日本語ボランティアってどんな人たち?
質問6	NPOって多文化共生でどんなことをしているの?
質問7	どうやってNPOと市役所の協働はできてきたんだろう?

友多は一応,答えを聞いた。答えたのは,拓夢や愛里や拓夢のお父さん,韓国人のスタンプラリー代表者などだった。しかし,何か今ひとつ納得できない。また,誰にも聞けなかった質問7もある。友多の頭に浮かんだ質問は,まだ消えることなく頭のなかをさまよっている。何か重要なことが,友多自身にもか

かわることがあるように思える。

10　友多の決意

　友多は，ファッション・ショーのミャンマー代表が目の前を通り過ぎていくのを見送りながら，「よし！自分で調べてみよう」と決心した。小学6年だから，友多にとってインターネット検索などは慣れたものである。調べてもわからないところは，お父さん，お母さんに聞けばいいだろう。とにかく，このままじゃスッキリしなくて寝られやしない。友多はミャンマーの3人がもう一度ステージに上がり，中央で民族風のお礼をする姿に拍手しながら，これらの質問を調べることを強く心に決めた。

　ファッション・ショーが終わり，ホールの客席が収納されて広くなった床で，信州大学のよさこいダンス・サークル「和っしょい」[20)]がリードし，来場者がメンバーと一緒に踊りながら飛び跳ねている。踊りに参加する人は皆，笑顔だ。

　そういえば，この「こいこい松本」に来ていた人はみんな笑顔だったなと友多は気づいた。約150人もの人が何カ月も祭りの準備をし，1500人ぐらいの人が集まり，最後は笑顔で終わるお祭り。これだけの人が集まって笑顔になれる，そのエネルギー源はなんなんだろう。

　　拓夢「松本にこんなにたくさん外人がいるなんて，知らなかったよ」
　　愛里「あのアフリカの料理，おいしかったなー。ああいうの，どこかの店で
　　　　食べられるかな」
　　愛里の父「これだけ外国の食べものとかモノがあるんなら，それを集めて売
　　　　ればけっこういい商売になりそうだよな」
　　拓夢の父「世界のモノを食べたり見たりって，純粋に楽しいからな。アメリ
　　　　カのプレゼンじゃ，アメリカの銃社会のことなんかやってて，おもし
　　　　ろかったよ」
　　拓夢の母「でも新しいこと知るだけじゃなくて，生の外国人と話せたり，一
　　　　緒にアフリカの太鼓つくれたりしたのがよかったよ。知るだけならテ

レビでもいいけど,実際に話したり何かをしたりってことは,すごく少ないもの」

　おいしい。楽しい。それはとても大切なことである。人を動かすエネルギーになるからだ。ただ,それだけではない。知らなければならないことが多くある。友多は改めて質問の答えを見つけようと意を強くした。

第 2 章 多文化共生社会の現状と課題の分析
―友多の質問への回答―

　友多は第1章の7つの質問を調べて，納得できる答えを得られただろうか。ここからは，友多の質問に答えるかたちで話を進めていくことにする。

回答 1　　**質問 1**　どうして外国人が日本に，松本に住んでいるんだろう？

日本政府の戦略なき外国人の受入

　拓夢「そりゃ日本が豊かな国だからさ。金，稼ぎに来てるんだよ」
　友多「お金？」
　拓夢「そうさ，ブラジルとかじゃあまり稼げないけど，日本に来ると3日でブラジルの1カ月分ぐらい稼げるって話だよ。だから，どんどん来たんだよ」

　これは友多の友だち，拓夢の回答である。そして，かなり多くの人に共通した答えであるかもしれない。この答えがまちがいだとはいわない。かなり多くの外国の人がこのように考えて，日本の空港から入ってきているのは事実である。ただ，それだけではないのである。そのことについて述べる前に，日本に住んでいる外国人の現状について少しふれてみよう。

1　「外国籍」という用語がもつ問題

（1）住んでいる外国人の数

　2011年度末の法務省の登録外国人[21)]統計の総数，つまり日本にいる「外国

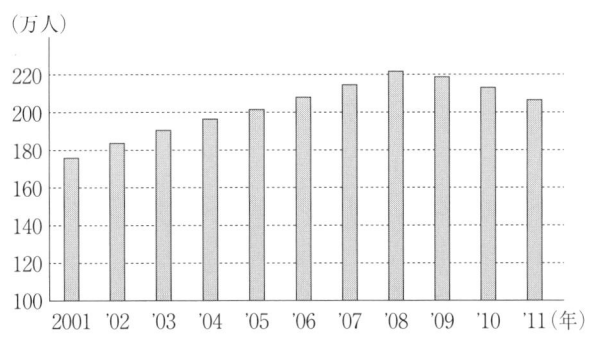

図1　外国人登録者数の推移（法務省 2012）

籍[22]」住民の数は 207 万 8480 人となっており，この数字は日本の総人口の 1.63％にあたる。統計上，最も多かった 2008 年の総数は 221 万 7426 人であり，この数字は日本の大都市の1つ，名古屋市の人口に近い（2013 年6月時点：226 万 9881 人）。

　ここで注意したいことは，公的によく使用されている「外国籍」という単語では，この件における日本の正確な現状理解につながらないという事実である。よく勘ちがいされることであるが，国籍と母語[23]は必ずしも一致するものではない。フィリピンを例にとれば，国籍は1つだが母語とされる言語は 172 ある。ただし公用語[24]はタガログ語と英語の2つである。日本のように，国籍＝日本，母語＝日本語という人が大部分を占める国は世界的には少数である。また，国籍と母文化，つまりその人が生まれたときから身につけてきた文化も一致しないことが往々にしてある。さらに，外国籍＝外国人という発想ではさまざまな齟齬をきたす。

（2）　**日本国籍だが日本語を母語としない人の存在**

　例をあげれば，日本人の夫婦が仕事の関係でアメリカに引っ越したとする。その後，国籍は日本のまま米国に永住することを決め，子どももアメリカで産む。その子どもの母語は日本語だろうか。多くの場合，日本語で「話す」「聞く」はなんとかできるが，「読む」「書く」は弱いとなることが多い。日本語の四技能すべてが弱い場合もよくある。同じ日本国籍でありながら，日本で生ま

れ育った子どもとは非常に大きな言語能力差が生じるのである。逆に，この子どものケースでは，英語が母語となることが多い。家族以外の周りにいる多くの者が英語を母語として使い，学校でも英語で授業を受け，英語のテレビ番組など英語環境で育つことが多いためである。

　つぎに，この子どもが成長して日本の大学に入学するため祖父母を頼って来日した場合，上述した在住外国人の統計にはまったく現れない。この人は「日本国籍」保持者であるため，空港の入国審査官は外国人上陸審査の手続きをしないからである[25]。とはいえ，日本国籍であるにもかかわらず，明らかに日本語指導が必要な人である。しかし大学で留学生向けの日本語の授業を受けても単位は取れない。大学の先生もこの学生のレポートを読んで「こいつ，でたらめに書いているな」と低い評価をする可能性がある。日本名の日本人学生が「日本語が下手なわけがない」と思いこむためである。このように，日本国籍でありながら日本語を母語としないこの人は，さまざまな外国人への支援の手から除外される「サポートもれ」になる可能性がある。

（3）日系アメリカ人の留学生

　別のケースだが，2011年10月に筆者が勤める信州大学にアメリカから交換留学生として来た学生は，日本からアメリカへの移民，つまり日系4世[26]だった。この学生の国籍はアメリカで，母語は英語であり，国籍と母語は一致していた。しかし，容姿（血）と国籍はまったく一致していなかった。この学生の曽祖父母も，祖父母も，両親も日本に由来がある者同士で結婚したため，この学生の身体に流れる血は日本人のものであり，顔立ち，体格，肌の色ともアメリカ人ルックスではなく，完全に「日本人ルックス」だった。その容姿でありながらアメリカ国籍であり，来日当初はほとんど日本語でコミュニケーションできなかったため，周りの日本人学生，教職員などは戸惑っていた。例をあげると，その留学生が多くの日本人学生と一緒にいると，「どこに彼はいるの？」ということになるのだ。当人も「最初は相当な戸惑いがあった」とのちに述べていた。彼が日本を離れる前に交換留学生プログラム修了のための発表で選んだテーマは「日系4世」であり，彼ならではの経験にもとづいた大変

興味深いプレゼンテーションであった。

（4） 帰化した人たち

さらに，次のようなケースもある。結婚，長期の在住などのあと，外国籍の人が日本国籍を取得する，いわゆる「帰化」の場合である。1年間の帰化許可者数は，2003年が1万7633名，2012年はやや減少しているが1万622名である。このように毎年1万人を超える外国人が，帰化申請して日本人になっている。

生まれも育ちも民族も日本ではなかった人が日本国籍を取得する「帰化」の場合，日本語をかなりハイレベルまで習得していることが多い。しかし，それでも母語ではない。国籍を変えても，母語は変わるものではない。帰化後も継続して日本語を学習したいと望む人もいる。また，帰化した人たちは日本の文化もかなり理解していることが多いが，生まれたときから身につけてきた母文化ではない。日本文化を母文化とする人と同様の思考パターン，感覚，行動パターンをもつことは少ない。それにもかかわらず，法務省の外国人統計には帰化した人たちは「日本国籍」保持者なので載せられず，こちらにもさまざまな「サポートもれ」の可能性が生じることになる。

（5） 在日韓国・朝鮮人

「在日韓国・朝鮮人」については，前述と逆のケースになる。歴史の波に翻弄されて日本に残った在日韓国・朝鮮人のなかには日本に帰化した人もいるが，韓国籍・朝鮮籍を保持している人も多く存在し，「特別永住者[27]」とされている。2012年末の特別永住者数は38万1645名である。そのなかには，朝鮮学校などで朝鮮語による授業を受けてかなり高度な朝鮮語を習得した人もいるが，日本の学校で日本語による授業を受けて育ってきた人も多く存在する。
2012年にNHKのハングル講座で「受講生」として韓国語を学習していたのは，後者のケースの在日韓国人であるコウ・ケンテツ氏（料理研究家）だった。彼のケースでは，国籍・民族は韓国だが母語は日本語であり，家庭内に韓国文化が存在していたが，生まれたときから日本文化にふれて育ってきている。また，朝鮮学校で学んだ人に関しても，学校から一歩外に出れば日本語ワールド

であり，日本のテレビなどを見て育つので，実質上の母語は日本語という人も多いだろう。しかし，彼らは帰化しないかぎり外国籍であり，法務省の外国人統計に載る。2012年から新たに始まった「新しい在留管理制度[28]」でも「在留外国人」としてカウントされつづける。大部分の在日韓国・朝鮮人に対して日本語指導はまったく必要なく，日本文化をかなり深く理解しているのであるが，法律上はあくまでも「外国人」だからである。

（6）「移民」という用語

外国からその国に移動して来る人々（期間は短期，長期などさまざま）を「移民」という。この用語は世界的にも定義が定かではなく，日本においてはネガティブなイメージが先行している。「貧しい」「可哀そうな人たち」「犯罪」などのイメージをもつ人が多いようである。しかし世界的にみれば，移民という単語そのものにネガティブなイメージをもつことはあまりなく，国家戦略として移民をどのように扱うかという視点で使われている。一部の先進国には，「経済成長と移民政策は不可分」という考えがあるほどである。

この移民の受入先進国であるアメリカ，欧州などでは，統計的に移民数を調べる際，日本のように国籍をベースに調査している国はもはや少数である。上に述べたように，国籍では言語問題，文化摩擦などの実質がとらえられないためである。それら先進国では「その人の出生地はどこか」をもとにデータを集計している。場合によっては，一代前（両親）や二代前（祖父母）の出生地まで調べることもある。この調査方法によれば，上記の「帰化した人」は日本国籍だが移民のデータに載り，「在日韓国人4世」は載らないことになる。

（7） 2012年度からの「新しい在留管理制度」

2012年7月に，日本の外国人管理制度が大きく変更された。それまでの外国人登録制度は廃止され，新たに「在留カード」にもとづく管理制度に切り替わった。この制度導入により，外国人がどこにどのぐらいの期間いるかを今までよりも正確に管理できるようになり，住民基本台帳制度の対象に外国人住民が加えられることになった。しかし，この新しい在留管理制度であっても「国籍」をベースに管理する点は変わらない。2012年時点で国レベルの非常に大

規模な制度変更を行うにあたっても，その人の国籍ではなく出生地を調査する方向にはならなかったのである。結果として，今後も「サポートもれ」は続くであろう。

この新たな制度では「在住」外国人とはいわず，「在留」外国人という用語を用いる。ちなみに，最新データである2013年6月時点の「在留」外国人数は204万9123人であり，2012年末の数値と比較すると約1万1000人増と，ここ数年続いていた減少傾向に歯止めがかかり，わずかだが増加に転じてきている。

2　どのような用語が妥当なのか

（1）　いま使用されているさまざまな用語

このように日本では，最も基礎的なデータである「人数」すら，実態に即して正確に調査されていないことを覚えておく必要がある。また，データではなく意識が関係するが，日本では，日本語が不十分，または容姿が日本人と異なる人を見たらすぐに「外人(がいじん)」と考えてしまう傾向，逆に日本人の容姿をしている，または「日本国籍」であれば日本語が通じ日本文化を理解しているだろうと考える傾向が一般的である。しかし，それはもはや今のグローバル時代にまったく合わないとらえ方だといえる。

本書においては，「外国人」「在住外国人」「在留外国人」や「外国籍」などの用語は用いない。では，どのような「用語」を用いることが妥当なのだろうか。自国から日本に移動して来て住んでいる人たちについて，多文化共生にかかわる多くの団体，研究者が以下のようにさまざまな「用語」を用いている。

> 「外国にルーツをもつ人」「生活者としての外国人」「移動労働者」
> 「移動する子ども」「移民」

（2）　外国由来の人

それに対し，筆者が代表理事を務めるNPO法人　中信多文化共生ネットワーク（CTN）では，「外国由来の人」という用語を用いている。外国由来と

は、「なんらかのかたちで日本以外の国・地域にルーツをもっている」という意味である。海外で生まれ育って日本語能力が十分ではない日本国籍の人も、日本に帰化した人も、在日韓国・朝鮮人も日系南米人もこの「外国由来の人」に含まれる。人数でいえば、2012年末の「在留」外国人数203万8159名よりはるかに多くなるだろう。本書においても、この「外国由来の人」という用語を用いていくことにする。

3 在日韓国・朝鮮人および日系南米人がどうして日本に住んでいるのか

（1） 在日韓国・朝鮮人が住んでいる理由

話を友多の質問「どうして外国の人が日本に、松本に住んでいるのだろう？」に戻そう。

何度かふれてきた在日韓国・朝鮮人のうち若い人たちは、「生まれたときから日本にいた」のであり「お金のために来た」のではない。数十年前に日本に住み始めた在日韓国・朝鮮人1世にしても、1952年以前は、彼らにとって日本は外国ではない。朝鮮は日本の植民地となっており、朝鮮人も「自分は日本人です」と言わされており、それは1952年のサンフランシスコ条約まで続いていた。多くの朝鮮人は意識の上では日本を「自国」だと思っていなかったと思われるが、在日韓国・朝鮮人1世が日本に来た際の意識が、今の移民のように完全に自国と異なる「外国」に自分の意志で移住するのと同じだったと考えることはできない。いわゆる「強制連行」による移動だとすれば、そこには当人の意志すらまったく存在しておらず、現在の「移民」とは明らかに異なる。

（2） 日系南米人が住んでいる理由

また、静岡・群馬・愛知・三重・長野などに多い日系ブラジル、ペルーなどの日系南米人のルーツは日本にある。戦前、また戦後すぐの時期は日本国内で仕事がなかったため、日本から南米諸国への移民が奨励され、多くの日本人が海を渡った。ボリビアには、日本からの移民がつくった町「サンフアン・デ・ヤパカニ（スペイン語で日本はヤパン）」があり、南米大陸でありながら日本語が通じる。ブラジルでも日系の多くの人々が社会的に成功し、尊敬されている

のは周知の事実である。2013年6月にブラジルで行われたサッカーのコンフェデレーションズ・カップで，日本代表チームはブラジルの人々の熱いサポートを受けた。そのことと，日本からの移民のブラジル社会での成功は無縁ではない。2014年のサッカー・ワールドカップ本大会でも同様のサポートを受けられ，それは日本代表チームの大きなアドバンテージとなるだろう。

その後，戦後の「人あまり」の時期がすぎて1970〜80年代には日本が逆に「人手不足」となり，移民の送出し国から受入れ国へと大きく様相を変えた。1990年の出入国管理及び難民認定法改正において在留資格「定住者」が創設され，日系3世まで就労目的での来日が可能となったが，それは，「人手不足」という日本の国内事情がある。この在留資格「定住者」であれば，日本国内での就労活動に制限がなく，単純労働も含めて就労可能となった。その結果，1980年代後半から増えはじめていた日系南米人数は，1990年代に入って爆発的に増加した。とくに自動車メーカーなどの巨大工場が立地する静岡・群馬・愛知・三重などの一部の町は，「日系南米人の集住地域」といわれるようになった。例をあげると，群馬県の大泉町は「ブラジリアン・タウン」として知られ，一時，人口の約6分の1にあたる16％が日系南米人だった。

（3） 小手先戦略による外国由来の人の受入れ

つまり多くの日系南米人が「お金を稼ぎに来てる」のは事実であれども，日本政府が国の戦略として彼らを大量に受け入れてきたことも事実なのである。上述した在日韓国・朝鮮人に関しても，朝鮮の植民地化，戦中の労働力不足解消という20世紀日本の巨大国家戦略が残した問題である。ただし，これまでの日本の外国由来の人の受入れは，数十年先を見すえたしたたかな国家戦略のもとに行われたのではなく，「一時的な人手不足解消」という小手先の戦略によってであり，そのことが現在，多くの歪みを生んでしまっている。

（4） 定住希望の人々の存在

また，当初は「1年ぐらい働けば自国で家を建てられるぐらいの金がたまるだろう」と思って来たにもかかわらず，現実の日本での生活では「入ってくるのと同じぐらい金が出ていく」ため，短期間での母国へのUターンができな

くなった外国由来の人が多く存在している。

　彼らは，おおまかに以下の3つのグループに分類される。①「金がたまらないからやむを得ず日本にいる」という消極的定住派，②「仕方なく住んでいるうちに人づきあいや子どもの学校などで帰りにくくなったし，自国での仕事や生活が不安だから日本にいよう」という暫定的定住派，③「子育てには安全な日本がいいし，自分も日本人に認められるようになったから日本に住みつづけたい」という積極的定住派の3つである。このうち，積極的定住派のなかには土地付きの家を買って20年以上住んでいる人もいる。もはや「あの人はいつ国へ帰るんだろう」という対象ではないのである。暫定的定住派も，結局はかなり長く住んでいる人が多い。

　2012年の「外国人との共生社会」実現検討会議[29]の提言にも「現在（2012年）でも，毎年3～4万人のペースで一般永住者の増加が続いている」という記載がある。日本に永住しようという外国由来の人は，現在も増えつづけているのである。

（5）日本人側の受入意識

　友多の「どうして外国の人が日本に，松本に住んでいるんだろう？」という質問の「外国の人」のなかに，酸いも甘いもかみわけたうえで日本を「自分の人生を過ごす場所」に選んだ外国由来の人がいることを忘れてはいけない。また，「最近，近所に外国人が増えた。こわいな…」などとグチばかり言うのではなく，日本がそのように外国由来の人に「人生を過ごす場所」として選ばれる国であることをもっと喜んでよいだろう。将来，日本が先進国から転落し，「あんな国に住んでも金を稼げないし，学ぶこともない」と世界から見られるようになれば，住んでくれる外国由来の人はいなくなるのだから。

> **回答2** ◀◀ **質問2** 外国の人はどんなことで困っているんだろう？
>
> 日本語教育未整備，疎外意識，子どもへの支援不足，日本の生活ルールの指導不足など

愛里「外人は日本語できないんだ。日本に住んでるのに。それで，周りの人とトラブル起こしたり，すぐクビになったりしてるんだよ」

友多「でも，この祭りに来てる人たちは，ちゃんと日本語，話してるじゃないか」

愛里「そんなのほんの少しだよ。ほとんどは日本語を話せないよ。むずかしいもん」

友多「日本語って，そんなにむずかしいの？」

愛里「そうに決まってるじゃない。日本語は日本人しか使わないの，特別なんだよ。外人が話せるようになるのはすごく大変なんだ」

友多「まぁなー，僕も自分の言いたいこと言うの，大変だもんな」

愛里「そうでしょ。日本人でも日本語使うのは大変なのに，外人に使いこなせるわけないじゃない」

　これは愛里が質問2に対して答えたものである。たしかに，移住先の言語の習得は，どの移民受入国においても非常に大きな問題となっている。ドイツ，オランダ，フランスなど多くの移民受入先進国では，国レベルで移民向け自国語教育プログラムを実施している。そのプログラムの受講が強制であったり任意であったり，有料または無料など国によって差異はあるが，長年にわたって研究され，実践の上で問題点を修正してきた「国レベル」のプログラムがある点では一致している。そのプログラムを有効活用するための移民向け自国語教授法の研究，自国語教師の養成などにも力が入れられている。

　ただし，日本における「外国人と日本語」の問題は，上記の移民受入先進国とちがった点もあり，それもふまえておきたい。

1 日本語「特殊」論

(1) やや異なる点

　日本に見られる「外国人と日本語」のケースには，移民受入先進国とやや異なる点がある。それは「日本語は日本人しか使わないんだ，特別なんだよ」という愛里の発言の根底にある日本人の思い込みである。実際，中上級レベルの日本語能力を習得しているにもかかわらず，欧米人の容姿のために「日本語ができないにちがいない」と思いこまれて困ったという話を欧米の留学生からよく聞く。または「同僚の日本人教員に英語でばかり話しかけられ，日本語で返事をするとイヤな顔をされる」という ALT 経験者も多い。場合によっては，英語が日本語より不得手な欧州の人もいるのだが，日本人には「欧米人は英語が上手で日本語はダメ」という思い込みが強いようだ。同様に，中国・韓国・ベトナムなどアジアの人であっても，ハイレベルの日本語習得はむずかしいと思いこんでいる面がある。

　実際のところ，10年近く住んでいるにもかかわらず，初級レベルの日本語能力しか有しない外国由来の住民は多数存在する。しかし一方で，上級または超級[30]レベルの日本語能力を習得した外国由来の人も数多く存在するのである。日本語は世界の言語のなかで特別にむずかしいということはなく，「話す」「聞く」レベルの習得においては習得困難な言語に入らない。実際に，筆者が所属する信州大学で15年間行われてきた日本語の集中指導において，4カ月半の指導で数百人のひらがなを知らない留学生のうち90％以上が日本語でのコミュニケーション能力を習得していった。4カ月半という短期で，日本語での「話す」「聞く」コミュニケーション能力習得は十分可能なのである。ただし，漢字を含めた「文字」がかかわる「読む」レベルになると，「やや困難な言語」の仲間入りをする。

(2) 「道具」としての言語の使用

　日本人が思いこんでいる「日本語のむずかしさ」は，超級をさらに超えた母語話者レベルで見られる「コミュニケーションの道具としての『言語』使用の困難さ」に起因していると思われる。この困難さは，どの言語にも同様に存在

している。言い換えると，「人間の思考を言語化することそのものの困難さ，言語化したものを使ってコミュニケーションする際の困難さ」である。「言葉のあや」「あいまいすぎる表現」「ストレートすぎる表現」「言外の意味が通じない」などの不満やもどかしさを感じたことがない人はおそらくいないだろう。思考を言語化すること，さらにさまざまな感情も加わった状況で正確に相手に伝わるように言語化することは，困難なことである。日本語が高文脈言語[31]であり，非言語コミュニケーション[32]をよく使う言語であることも関係するが，どのような言語であっても，「道具としての言語」を完璧に使いこなして何不自由なく自分の意図を表現し，他人とまったく誤解なくコミュニケーションできている人は，ごく少数だと考えてよいだろう。

2　外国由来の人向け日本語教育プログラムの未整備
（1）　なぜ10年住んでも日本語が初級か

日本語が「話す」「聞く」レベルでは習得困難な言語に入らないとすれば，なぜ10年住んでいても「話す」「聞く」が初級レベルの外国由来の人がいるのだろうか。その原因として，先にふれた日本と「移民受入先進国」との外国由来の人への言語教育プログラムの相違があげられる。多くの移民受入先進国では整備された「国レベル」の自国語教育プログラムをもっており，指導を受けた外国由来の人の学習成果を評価する「アメとムチ」制度も備えている。

（2）　受入先進国での「アメとムチ」

例をあげると，ドイツではドイツ語教育プログラムを受けることが社会保障[33]を受ける条件となっており，オランダではあるレベルのオランダ語能力テストに合格することを永住許可申請の条件としている。その能力テストも，オランダ語文法のスコアで評価するような型どおりのものではなく，オランダ社会への適応力を見るなど工夫されたもので，「オランダ語をよく勉強しオランダ社会に適応できるなら永住権をあげるよ」というアメも用意されているのだ。いっぽうフランスでは，フランス語教育プログラムを修了しなかった者は次回の在留資格更新でマイナス評価を受けるというムチを用意している。

また多くの国で，自国語だけでなく，自国の理念と価値観，社会制度なども外国由来の人に指導している。オーストラリアでは，英語を教えながらオーストラリアの歴史・地理なども指導し，ガイダンスの役割ももたせている。異文化理解のない言語のみの習得では，その国に溶け込んで生活していくことは非常に困難という共通認識が関係者内にあるためである。日本国内においては，この認識の共有すら進んでいない。「日本語ができれば何とかなるだろう」的な発想がまだ幅をきかせている。

（3）戦略にもとづいたルーツの言語・文化の指導

オーストラリアでは，さらに小・中学校で移民児童生徒のルーツの国の言語およびその文化（例：トルコ移民であればトルコ語およびトルコ文化）を学ぶ制度がある。自らのルーツに誇りをもたせ，出身国の言語をその子ども自身の重要な技能として習得させるためである。それは，将来，移民の子どもが成長して英語とルーツの国の言語を駆使し，オーストラリアとルーツの国（トルコ）との仲立ちとなってくれることを見越しての言語戦略である。このように移民受入先進国は，移民への言語や文化の指導を，単なる「弱者へのサービス」ではなく，数十年先には自分たちの利益となるような「したたかな受入戦略」の1つとして行っている。

（4）自国語教育プログラムの質向上・維持の努力

さらに，ドイツの移民向けドイツ語教育プログラムで教える教師の要件は，「外国語としてのドイツ語」の大学卒業資格または連邦移民難民庁の研修コース修了と，かなり難易度が高いものだ。フランスでは，移民向けフランス語教育プログラムを語学研修機関やNPOなどに委託しているが，その機関の状況を多方面から審査し，認証ラベルが付与されたところだけがプログラムを実施できる体制となっている。

（5）「ボランティア」頼みの日本

それに対し日本では，外国由来の人に対する日本語教育の最大の担い手は「日本語ボランティア」である。国レベルの日本語教育プログラムといえるようなものはない。国レベルどころか，外国由来の人を多く雇用している企業レ

ベルでもなく,「善意の民間人」に頼りきりの体制となっている。ボランティアとしてかかわる人たちの善意はすばらしいものだが,国は日本語教育プログラムもつくらず,一体何をしているのだろうか。いっぽう,多くの地方行政機関[34]が「日本語ボランティア」など外国由来の人を支援する人々を側面援助するさまざまな体制を整えており,地方行政機関(以下,行政)と日本語ボランティアなどとの連携にはすぐれたものが多くみられる。このように日本においては,国と行政の貢献度に大きな差がある。

（6） 日本政府の日本語教育プログラム放棄

また日本には,「5年間住んでいてこのテストに合格すれば在留期間を延長する。一方,合格しなければ社会保障の継続に悪影響がある」といった外国由来の人の日本語能力および日本適応能力を評価しアメとムチを与える体制もない。勉強してもしなくても,賞もなければ罰もないのである。そのような状況であるから,オーストラリアのように外国由来の児童生徒へのルーツとなる言語教育（例：日系ブラジル児童へのポルトガル語教育）および文化指導の体制はきわめて脆弱である。このように,日本の外国由来の人向けの日本語教育体制は,移民受入先進国からみれば「国の関与放棄に見える」といわれている。

また,ある程度の年齢を超えてからの外国語,第二言語の習得はつらく,なかなか進まないものである。かなり組織化された移民向けドイツ語教育プログラムをもっているドイツですら,ドイツ語がほとんど話せず,それでもコミュニティ内で何不自由なく暮らしている多数のトルコ人の存在をかかえている。むしろ,このような移民の存在のために,現在のドイツ語教育プログラムが整備されてきたといえる。日本のように,国レベルの外国由来の人向け日本語教育プログラムもなく,習得に対するアメとムチ制度もない国においては,「10年住んでいても初級レベル」の外国由来の人の存在は,むしろ当然のことといえるかもしれない。

（7） 日本での「アメ」の提案

2009年1月に文化庁・文化審議会・国語分科会は「国語分科会日本語教育小委員会における審議について」という文書のなかで以下のように述べている。

> 　国は,「生活者としての外国人」の日本語学習の動機付けとなる奨励措置を検討し,提示することが期待される。これには,直接学習者に対するものと日本語教育の実施機関等に対するものが含まれると考えられる。

　いうまでもなく,この文章が意図するところは「アメ」である。「勉強をしっかりする人には奨励措置（報奨金なのか在留資格関連の優遇なのかまったく不明）というアメをあげるよ,だから勉強しなさいよ」ということだ。また「がんばってハイレベルの日本語教育をやっている地域の日本語教室などにもアメをあげるから引き続きがんばりなさいよ」ともある。しかしこの文書から5年を経ても,この提言が真剣に検討され,具体的になんらかの「アメ」が出るようになったという話は聞かない。

（8）「生活者としての外国人に対する日本語教育の標準的カリキュラム案」などの整備

　ただし,日本でも現状を放置しているわけではない。金田（2012）の報告にあるように,むしろ近年は外国由来の人向け日本語教育体制が整ってきつつある。2007年に文化庁の文化審議会国語分科会のなかに「日本語教育小委員会」が設置され,2010年には日本語教育のカリキュラム案が発表された。このカリキュラム案には,日本で生活する外国由来の人向けの日本語教育の「目的」と「目標」が明示されている。さらに2011年にはガイドブックが作成され,どのような日本語教育プログラムを設計すればよいかが示されている。その後も日本語教育小委員会は3つの成果物を作成・公表し,県市町村などの行政関係者や日本語教室関係者にそれらの活用を呼びかけている。その合計5つの成果物いわゆる5点セットは,以下のとおりである。

- ・「生活者としての外国人」に対する日本語教育の標準的なカリキュラム案
- ・（略）標準的なカリキュラム案　活用のためのガイドブック
- ・（略）「標準的なカリキュラム案　教材例集
- ・「生活者としての外国人」に対する日本語教育における日本語能力評価について
- ・「生活者としての外国人」に対する日本語教育における指導力評価について

（9） 外国由来の人にかける「お金」の価値をどうとらえるか

このように,「何を教えればよいか,どのように日本語教育を構築すればよいか」を国は示そうとしている。研究者や地域の日本語教室関係者は手をこまねいているわけではない。しかし,すべての基礎となる「国の基本施策[35]」が定まっていない。それは政治家と官僚の仕事であるが,進展していない。そのため,日本全体での外国由来の人向け日本語教育プログラムが動きはじめていないのである。最大のネックは,日本語教育プログラム整備のための予算である。本格的な日本語教育プログラム運営に要する予算は,「ざっと年数百億円」といわれている。「今の日本でこの金額を外国由来の人たちに使いたいと言えば,次の選挙に勝てない」と政治家は考えており,官僚も二の足を踏んでいるのが現状である。

たしかに,年数百億円と聞けば,今の日本の状況ではこの予算執行に反対する人が多いだろう。しかし,ドイツは 2004 年に新移民法を制定し,移民向けのドイツ語教育を含めた統合プログラムを国の財政的負担のもと実施している。そして 2007 年度には 1 億 4000 万ユーロ（2013 年 9 月レートで約 214 億 4000 万円）を同プログラムに支出している。同様に,フランスやオーストラリアなども非常に多額の予算をかけて移民向け自国語教育プログラムを運営している。日本がそれらの国と比べて,とくにお金がないというわけではない。

移民受入先進国は,なぜこれだけの予算をかけているのだろうか。彼らはこの予算を「困っている移民への支援」とは考えておらず,「自国の発展と安定のための投資」と考えている。移民政策は,とりもなおさず「国の成長戦略」なのである。日本において国レベルの日本語教育プログラムが本格稼働しない原因は,最終的には多くの日本人の「状況認識不足」と「意識」の問題だといえる。

（10） 総務省の主張とそれに逆行する現状

総務省の「多文化共生の推進に関する研究会報告書 2007」は,以下のように述べている。

> 日本においても，地方自治体の取組に任せるだけではなく，出入国政策と連動した形での入国時および入国後の日本語および日本社会に関する学習支援施策のあり方を，国の責任において検討すべきである。

　このように，多文化共生に関する中心的な所轄官庁である総務省の報告書で6年も前に「国の関与」の必要性が主張されているのである。
　しかしながら，2013年の文化庁の日本語教育小委員会「日本語教育の推進に向けた基本的な考え方と論点の整理について（報告）」によると，次のようにある。

> （外国人登録者数や国内の日本語学習者数の減少を受けて）
> 文化庁の「生活者としての外国人」のための日本語教育事業が平成24年（2012年）の財務省による予算執行調査の結果，全部または一部の廃止・統合を含めた見直しを求められた。

　在住の外国由来の人向けの日本語教育施策のエンジンである文化庁の日本語教育事業には追い風が吹いていない。残念ながら，これが日本の現状である。
　このように現状を見るかぎり，予算，教師養成，諸機関との連携などの問題をクリアし，国としての「外国由来の人向け日本語教育プログラム」が本格始動するまでには，まだ時間がかかりそうである。その整備が進む前にも多くの外国由来の人は日本に住みつづけ，その子どもたちは確実に成長を続ける。よって，現状でできる範囲の最善の対応をしていくしかない。

3　日本人の外国由来の人に対する「疎外意識」

（1）「あの外国人はいつ帰るんだろう？」
　話を「どんなことで困っているんだろう？」に戻すことにする。これまで述べてきた「日本語」の問題は非常に重要なものだが，もちろんそれだけではない。第1章の質問1「どうして外国の人が日本に，松本に住んでいるの？」でも述べた「あの外国人はいつ帰るんだろう？」という日本人の受入意識，このことも外国由来の人を悩ませている大きな問題である。日本語教育プログラム

の予算で述べた「意識」と根は同じ問題である。

（2）「自分の居場所は？」

日本語を苦労して中級レベル以上まで習得し，仕事面でも適応して成功し，日本で土地も家も買って10年以上住んでいるにもかかわらず，いつまで経っても「自分の本当の居場所はここ，日本なんだろうか？」と感じている外国由来の人は多く存在している。その意識を生んでいるのは，周囲の多くの日本人が外国由来の人を「日本社会，自分たちの町に住む仲間」と見ていないためである。一部には見ている人もいるが少数である。

オランダの元留学生Dさんのある話を例にあげる。Dさんは日本の大学に2回留学し，日本そして松本市を本当に好きになったため，オランダに帰国したのちにインターン先として松本市の企業を選び約半年ぶりに戻ってきた。Dさんはインターン期間だけでなく，その後も真剣に松本市に住みつづけることを念頭に就職活動をしている。しかし，Dさんの日本人の友人は異口同音に「いつオランダに帰るの？」という質問をぶつけてくる。Dさんは，「それを聞くとガックリきます」と述べている。

「前提として，『外国人が一緒に松本に住む』という発想がないみたいです。それが残念で，ずっと住もうと決心していたのに日本を離れちゃった欧米人の友だちが何人もいますよ。私はそうなりたくないけれど」

（3）地域への大きな貢献

Dさんのような，日本人にない発想と行動力をもち，日本，松本市への強い愛情をもっている外国由来の人がいることは，地域を強くする。多くの松本市民に新鮮な驚きと元気を与える。また，さまざまな言語チャネルを使って日本，松本市の様子を世界に発信し，原発事故の不安を和らげ，世界に日本ファンを増やしてくれる。全国で，そのような人が店などを経営し，日本人も外国由来の人もその店に集って楽しんでいる例も見られる。「こいこい松本」よりはるかに大規模な「多文化共生と国際交流の祭り」を開催し，経済的にもその町に大きな貢献をしている例もある。そのようなケースでは，単に「珍しい異文化の楽しみの提供」だけでなく，日本人の「外国由来の人の受入意識を変え

ること」にも貢献している。しかし，悪意はないのだが，「あの外国人もいつかは自分の国に帰るのだろう」と思いこんでしまう日本人のほうが多いのである。それは意識の底に根づいてしまっており，その意識は日本在住を決心した外国由来の人の心を揺るがせ，場合によっては「本当の帰国」にいたらせる。ともすれば日本の，自分の地域の大きな発展のチャンスとなる芽を，自ら摘んでしまっているようなものである。

（4） 総務省報告書での多文化共生の「定義」

2006年に発表された総務省の「多文化共生の推進に関する研究会報告書」は，多くの地方行政組織に大きな影響と変革をもたらした非常に重要なものであるが，そのなかで同報告書は次のように多文化共生を定義している。以下，この定義に沿って述べていく。

> 国籍や民族などの異なる人々が，互いの文化的ちがいを認め合い，対等な関係を築こうとしながら，地域社会の構成員として共に生きていくこと

まず，「文化的ちがいを認め合う」だが，日本人同士のコミュニケーションでは，まず相手が自分たちと「同一」かどうかを探る傾向が見られる。一時期流行した言葉「KY＝空気，読めない」は，その場の状況において自分たちグループと同様に行動できるかできないかを評価するものだった。そして「あいつはKYだ＝自分たちグループと同様に行動できない異質な奴だ」だと判断されれば，疎遠・排除・いじめなどが始まる場合がある。そのようなコミュニケーション・パターンが主流の日本社会では，「ちがい」を楽しみ，認めることは，非常に困難である。米国ニューヨークの地下鉄で目にするように，日常的に「世界の顔の博覧会」が開かれていれば意識も変わるかもしれないが，現状の日本では「文化的ちがいを認め合う」ことはなかなかむずかしい。

「対等な関係を築こうとする」。マイノリティーである外国由来の人を，圧倒的マジョリティーである日本人は「対等な相手」と見ているだろうか。そのように見ている者はごくわずかだろう。「上から目線」の「支援」の対象とみているか，「無視」か，さらには「排除」の対象であるかもしれない。そして，

「移民とその国の大多数の国民が対等の関係を築く」ことは，世界のどの国においても困難だとされている。どの国でもどうしてもマジョリティーである「大多数の国民」優勢になっている。あのドイツでも，2010年にメルケル首相が「ドイツの多文化主義は完全に失敗した。ドイツ人は移民と正面から向き合うことを避けてきた」と発言し，世界的に大きな話題になった。マジョリティー側がマイノリティーと対等の視点に「下りる」ことは，かなりの勇気と覚悟が必要とされることである。このことは，日本で本当に実現される可能性は高くないとさえ思われる，非常に困難な目標だろう。

「地域社会の構成員としてともに生きていく」。外国由来の人が日本に住むことは，国際的な視点で見られることが多く，事実本書でも国際的視点から意見を述べてきた。しかし外国由来の人は，実際に私たちの町に一緒に住んでいるのだ。留学生であれば数カ月から数年間，定住志向が強い人であれば一生，一緒に住む。その事実から考えると，「世界」という大きな枠だけでなく，「自分の町」という小さい枠でこの問題をとらえたほうが理解が進む場合が多々ある。外国由来の人のルーツがどこの国であろうと，今は「自分の町の同じ住民」なのだ。一緒に道を歩き，同じスーパーを使い，病院の待合室で並んで座り，場合によっては同じ町内会である。しかし，その「ご近所さん」という事実より「異質」「こわい」という感情が先に立つ人が多いようだ。とくに，近隣に住む外国由来の人が日本語ができない場合はその傾向が強まる。その意味でも**2**で述べた日本語教育プログラムの整備は重要である。いずれにせよ，多文化共生を「自分とあまり関係ない世界の大きな話」ととらえるのではなく，「自分の町内会のメンバーとどのようにうまく楽しくやっていくか」考える姿勢が重要だろう。

前述の総務省の報告書（2006年）の定義が世に出てかなり時間がたつが，いまだこの定義の実現困難さは当時と変わっていない。同時に，その重要性も変わっていない。さまざまな場でこの定義が語られ，日本の人に驚かれ，そうして少しずつ意識を変えていくこと，そのような地道な努力が必要だと考える。

（5） 欧米への羨望とアジアなどへの蔑視

「疎外」に関するもう1つのむずかしい問題は，日本人に根づく「欧米への羨望とアジアなどへの蔑視」である。筆者が勤務する信州大学では，全国の大学と同様に「日本人学生の海外派遣＝留学の促進」に力を入れている。以前に比べれば，1学期または2学期といった「まとまった長さの留学」に申請する学生も増加してきた。しかし，その留学希望先は「圧倒的に欧米」である。信州大学は，中国・韓国・東南アジアなどにも非常にすぐれた協定大学をもっており，そこに留学に行く態勢が整っている。しかし，そのようなアジアなどの大学への交換留学を申請してくる学生はごくわずかで，アメリカの大学には信州大学からの派遣定員以上の留学希望者が申請し，厳しいセレクションが行われることになる。

上記はほんの一例で，多くの日本の若者が「これからの世界の中心になる」といわれているアジア・アフリカに目を向けようとせず，いつまでも欧米にあこがれ続ける例は枚挙にいとまがない。英語の「世界共通語化」が，さらにこの傾向に拍車をかけている面も見られる。学生の親の世代も同様で，「英語圏なら留学するのもわかるけど，なぜタイなの？」と真剣にアジア留学を決意した学生が親の説得に苦労することもしばしばで，留学断念に追い込まれるケースすらある。

（6） 明治時代の「脱亜入欧」から今まで

上記の「欧米への羨望とアジアなどへの蔑視」という意識は，明治時代の「脱亜入欧[36]」で開始され，その後の第二次世界大戦の敗戦とアメリカGHQの占領政策で強化され，現在もメディアの大きな影響力により子どもたちにまで深く根づいている。洗脳されているといっても過言ではないだろう。それを変えるのは容易なことではない。メディアを使う大多数の親世代とその上の世代の意識が「欧米への羨望とアジアなどへの蔑視」で固まっているため，彼らをターゲットにするメディア製作者の意識も自然とそのような番組づくりになっていく。そして，親たちの言動および行動（アメリカへの家族旅行など）がさらに子どもの「欧米への羨望とアジアなどへの蔑視」という意識を強化して

いく。終わりの見えない連鎖である。

（7） 蔑視が生む結果

この「欧米への羨望とアジアなどへの蔑視」は、「ブラジルの人たちがたくさん集まっているのを見ると恐怖を感じる」「ハングルとかタイ文字を見てもカッコいいと思えない。アルファベットを見ると安心する」「中国の人の日本語を聞くと、すぐミスに気づいてダメだなと思うけど、欧米の人（とくに白人）だと簡単な日本語でも『すごい上手』と思う」といった日本人の「目に見える反応の差異」として現れてくる。当然ながら欧米以外の外国に由来をもつ人々はその反応に気づき、その根底にある日本人の意識を知り、悲しみ、反発し、日本人を軽蔑するなどの結果になる。2005年と2012年に中国で発生した大規模な「反日デモ」には多くの日本留学経験者が参加していた、場合によっては主導していたとされる。彼らは「留学先としての日本」で蔑視され、冷遇された人たちだろう。その反動がデモ参加となって現れたものである。

羨望を向けられる欧米の人にしても、簡単な日本語を使っただけでほめられる、急に異性にモテ出す、能力も見ずに優遇されるなどで、健全な精神をもつ人であればあるほど戸惑うことになる。そのために日本を離れる有為の人材もいる。いっぽう、「日本（アジア）でならおいしい思いができるぜ」とやって来る欧米人（とくに白人）は、寄ってくる周囲の日本人をいいように利用し、横暴に振る舞い、不道徳な行動を繰り返すことになる。その姿勢が一部の日本人の「外国人無用論」をさらに強化させることにもなっている。

ただし、世界の潮流は明らかにアジアに向きつつある。そして、その事実に気づいている若い人もいる。そのような若者なら、日本の地域社会にともに住んでいる「アジア」や「アフリカ」「南米」の人を身近で貴重な存在と感じる可能性も高いだろう。信州大学でも、ベトナムに行ってベトナム人学生と英語でディスカッションし、ベトナムの一流企業でインターンシップをするというプログラムを企画したところ、13名が申し込んできた。そのような日本の若者を増やしていけるなら、これまで述べてきた「不毛な連鎖」を断ち切ることができるかもしれない。

（8） 現在の意識を越えて

「島国の日本人には多文化共生はそぐわない」「長い鎖国の影響で日本人は海外の人が怖い」「異質なものは日本では排除される」など，日本人が異文化を嫌うという意見は，テレビ，ネット，講演などでよく耳にするものである。しかし鎖国以前の安土・桃山時代（16世紀）に，日本人は世界の海を越えて来日したポルトガル人やスペイン人などと非常に前向きかつ積極的に交流し，飲みもの（ワインなど）や食べもの（チーズなど），衣服，宗教（キリスト教）など欧州の文化をすさまじいスピードで吸収した。とくに鉄砲に関しては，それが伝来されて即座にその威力を認識し，有力大名は大量に購入した。それだけでなく，すぐに国内生産まで開始した。鉄砲の存在は戦争の仕方を一変させ，歴史を変えた。同時にこれらの欧州文化は，織田信長など一部の権力者に莫大な利益をもたらした。アジア諸国での布教活動後，日本で布教を始めたフランシスコ・ザビエルは，そのような日本人の進取の気質を非常に高く評価している。

「異質」「支援の対象」「アジアなどへの蔑視」「こわい」といった今の多くの日本人がもつ意識を越え，国を問わずに「好意」「関心」「仲間」という意識をもって身近に住む外国由来の人に接することができるかどうか。私たち日本人がもつ「規律」「自己犠牲」「モラル」「協調性」などのすぐれた特性を，さらに一歩，上に進めることができるのか。外国由来の人との多文化共生は，その試金石になるだろう。

（9） 日本の食べ物

食べ物に目を向けてみると，日本の一般家庭の食卓に並ぶメニューは長年の異文化摂取の成果である。国民食といわれる「カレー」「ラーメン」はもとより，パン・チーズ・キムチ・コンソメスープなど「外国に由来をもつ食べ物」は枚挙にいとまがなく，わざわざ外食に行かなくとも家庭の食卓で世界の味を楽しんでいる。多くの日本人は意識していないが，このような状況は，世界的に稀である。筆者が韓国に住んでいたときに感じていたことは，「韓国料理は本当においしいが，たまにはほかの国の料理（イタリアンなど）も食べたい」というものだった。今でこそ，ソウルなら非常にレベルの高いイタリアンやイン

ドのレストランも多いが，おそらく韓国の一般家庭の食卓に韓国以外の国の料理がいくつも並ぶことはまだ多くないだろう。「日本の食べもの」の外国由来のバラエティーの豊富さは特筆に値する。

　それでありながら，「和食が衰退した」とは聞かない。むしろ，ユネスコの無形文化遺産に入るほどの勢いがある。寿司，天ぷらはいうに及ばず，日本旅館に泊まって豪勢な和食を味わいたいという要望は消えることがない。また，板前[37]志望者が激減したとも聞かない。つまり「日本固有の食」を大事に残しつつ，異文化の食を取り入れ楽しんでいる状況である。食に関して，日本人はきわめて異文化理解に寛容かつ進取の精神に富んでいる。

(10)　日本語そのもの

　「食べ物」と同様に，「日本語」もこの国土に従来からあったものを残しながら新たな言葉を旺盛に消化し，自分のものにして現在にいたっている言語である。典型例が漢字および漢語[38]である。文字体系をもたなかった日本人は世界的な文化先進地域であった中国の文字「漢字」を取り入れ，当初は一部のエリートのみがそれを学習し使用していた。その後，漢字からカタカナが派生し，ひらがなも生まれ，この3つの文字が日本の文字として民衆に普及していった。

　しかし語種[39]の点では，漢字とともにかなりの勢いで流入してきた「漢語」に，日本に従来から存在していた「和語」が駆逐されることはなかった。「見る」などの動詞および「あつい」などの形容詞においては和語のほうが漢語よりも優勢である。また名詞においても，「ひかり」「やま」などが使われている。いっぽう漢語は，和語で表現がむずかしかった概念を日本語の一部として補ってくれた。同様のことは，外来語（ポルトガル語や英語など）についてもいえる。印象としては，現在はカタカナ語が氾濫しているように見え，巷では「本来の美しい日本語が失われている」という意見もよく述べられているが，きわめて重要な語彙レベルで和語が外来語に取って代わられている現象はない。外来語の響き，新しい元気な雰囲気を楽しんで日本語のなかに導入してはいるが，和語や文構造がその地位を脅かされていることはない。食べ物同様，日本人は言葉の面でも異文化を取り入れ吸収し，豊かにしてきたのである。

(11) 異文化を吸収して活用する能力に長けた日本人

このように見てくると,「現在の日本人の『異文化嫌い』は本質的なものなのか」という疑問が湧いてくる。17世紀初頭から始まり250年あまり継続した鎖国の影響が今も強く残っているものの,本来の日本人は,異文化を積極的に受け入れ,吸収し,さらなる自分の力にすることに長けているのではないかと筆者は考えている。そしてその能力は,今後の多文化共生社会の進展に非常に生かしやすいことはいうまでもない。

4 外国由来の子どもへの教育未整備

(1) 重要性と危険性が高い問題

次にあげる「困っていること」は,外国由来の子どもたちへの教育問題である。この問題は,これまで取り上げてきた日本語教育プログラムの未整備,外国由来の人への疎外意識と同様か,それ以上に深刻かつ将来の重要度が高いものである。危険性が高いといっても過言ではない。

図2の1と2は,2012年に文部科学省が発表した外国由来の児童生徒数に関するデータである。ここに,前述の回答1で取り上げた問題が明示されている。学校現場での実態把握のためには,「日本語指導が必要な外国人児童生徒数」のほかに「日本語指導が必要な日本国籍の児童生徒数」という別データが

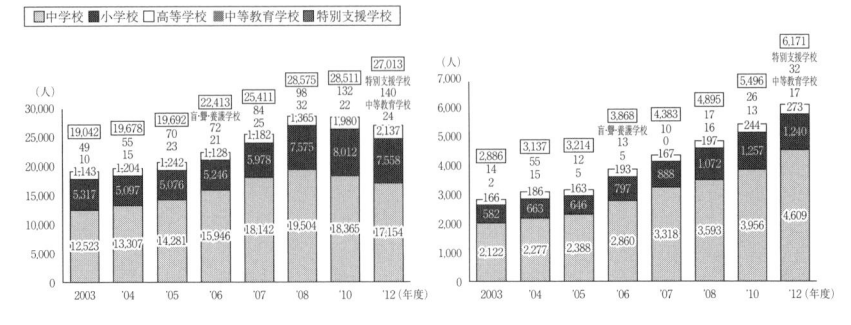

図2　1日本語指導が必要な外国人児童生徒数　2日本語指導が必要な日本国籍の児童生徒数
出所：文部科学省「日本語指導が必要な児童生徒の受入れ状況等に関する調査」2013年より

必要なのである。また，図2②より「日本国籍の児童生徒数」が近年，急激に増加していることも見てとれる。

　2012年度の日本語指導が必要な外国人児童生徒数は，前年よりやや減って2万7013人，いっぽう，同日本国籍の児童生徒数は前年比12.3％増の6171人である。合計すると3万3184人という大きな数字になり，この問題の深刻さがうかがえる。

（2）　外国由来の児童生徒の言語状況

　2013年の「こいこい松本」では，日本の小中学校で学習している外国由来の児童生徒3人に作文を書いてもらい，ステージで読み上げてもらった。

> 「私はブラジルとペルーのハーフだっていう子の作文を覚えてる。ペルーで生まれたけどお母さんたちと日本に来て，今は普通の中学で勉強しているんだって。日系だから，見た目は少しちがうぐらいだけど，言葉はスペイン語と日本語で全然ちがうから，すっごく日本語で苦労したみたい。とくに漢字。でも将来は通訳になりたいって夢を語ってた」

　これは1つのケースであり，外国由来の子どもをめぐる問題のむずかしさは，一人ひとりまったくケースが異なり，当然ながらそれへの対応も千差万別のものが求められる点にある。

　上記ケースは日系南米人の中学生で，両親ともに日本語を学習している外国由来の生徒である（ケース1）。両親は，簡単な日本語コミュニケーションには支障がない。しかし，日本人男性と外国人女性との子どもで，母親がまったく日本語を話せず，その母親と長時間過ごしているため，日本生まれ・日本育ちであっても日本語能力が非常に低い子どももいる（ケース2）。母親の母語で教える学校が松本にないため，就学年齢の満6歳になれば地域の小学校に通学することになるが，受け入れる学校関係者も親も，何より子ども当人が大変な苦労をすることは目に見えている。いっぽうで，同様の国際結婚による子どもで，家庭内で戦略的に言語を使い分けること（父親は外国語，母親は日本語）でほぼ完全なバイリンガルに育っている子どももいる（ケース3）。その子どもには，日本語指導はまったく必要ない。このように非常に多種多様な状況な

のである。

（３）　親の姿勢と仲立ちとなる第三者の重要性

　鍵となるのは，親の姿勢である。親が日本語にどう取り組んでいるか，実際にどの程度の日本語能力を習得しているかは子どもに大きな影響を及ぼす。ケース3のように戦略的に取り組むほどではなくても，ケース1のように親が日本語を前向きに学習し，周囲の日本人住民と親しく会話できるレベルにあれば，子どもも安心して地域社会に溶け込んでいく。また，親が日本人と話している言語である日本語を聞いて少しずつ習得していく。そして小学校にあがれば，親以上にスムーズでハイレベルな日本語能力を習得する。それがケース2では，親が地域社会との交流をシャットアウトしているため，子どもも地域に出ていくことはない。また日本語を聞くこともない。家庭内で聞く言語は，親が話すもの，親の出身国のDVDやテレビ，ラジオから流れてくるものだけである。これでは，日本で生まれ育っても子どもの日本語習得が進むはずがない。「日本で生まれ育てば日本語が上手になる」といった単純な話ではない。

　しかし，国レベルの日本語教育プログラムがまったく存在しておらず，アメもムチもない現状では，ただ親の姿勢を責めても意味はない。まず，親が少しでも気楽に楽しく日本語学習ができる場，地域の有効な日本語教室などを多く用意することである。つぎに，この問題は親だけの問題ではなく，子ども自身が大変苦しみ将来が狭まる事態になりかねないことを親に認識させ，親が率先して子どもの日本語学習に取り組むよう意識改革することが重要である。

　そのためには，日本語教室側（場合によっては行政側）と親との仲立ちになって通訳・親の説得などをしてくれる第三者が必要となる。第三者は子どもへの支援を考える際に重要なもので，それは親の母語と同じ言語を使える外国由来の人でも日本人でも構わない。多くの場合は，外国由来の人がこの活動をすることが多い。あまり気づかれていないが，すぐれた第三者の存在はきわめて重要かつ効果的である。悩んでいる親に寄り添ってメンタル面で支援し，大きく状況を改善させるなどの成果をあげている。

　このような第三者組織の整備と活動への謝金支払い，体制整備による優秀な

人材の確保が必要である。また，この取り組みは，第三者になりうるすぐれた外国由来の人の自立につながる面もある。しかし，日本社会での第三者への理解は十分ではなく，謝金はきわめてわずかか無償であることも多い。今後，多文化共生の進展に取り組んでいく際に見逃せない視点である。この第三者については，第3章の回答7 **11** の松本市多文化共生推進プランの作成・成立で「キーパーソン」として説明している。

（4）「ハーフ」から「ダブル」へ

外国由来の児童の問題では，常に「国際結婚で片親が日本人の子ども」も対象になる。一般的には「ハーフ」と呼ばれる子どもたちである。本書第1章に以下のくだりがある。

愛里「ハーフだね。日本語，話せんのかな」
「お兄ちゃんの中学にもタンザニアの父ちゃんと日本の母ちゃんのハーフがいて，サッカーめちゃスゴいんだってよ。フォワードでさ，誰も止められないんだって」
拓夢「ズルいよな，ハーフって。日本人とハーフじゃ体の強さ，ちがうんだから。黒人にはかなわないよ」

現在のテレビタレントやスポーツ選手として活躍する「ハーフ」をあげれば枚挙にいとまがない。容姿にすぐれ，語学能力が高い有名人が多いことから，日本人からは羨望と同時にやっかみをかうこともある。先の会話は運動能力面でのやっかみである。しかし，国際結婚を背景にもつ子どもの多くはアイデンティティ[40]の悩みをもつことが多く，容姿や能力にすぐれた子どもばかりでもなく，むしろ慎重な心のケアが必要な場合がある。一概に羨望を感じる，やっかみをもつなどは論外である。「父母とも日本人」である自分たちとは同一ではないという日本人がもつ「異質なものへの特別視（蔑視だけでなく羨望も）」がここでも働いている。

また，「ハーフ」という用語にも違和感がある。以下は『クラスメイトは外国人』（明石書店，2009年）からの引用だが，現在は「ダブル」という用語が使われはじめている。

美里「私はお父さんが日本人，お母さんが韓国人のダブルなの」
　　友人「それってハーフじゃないの？」
　　美里「ハーフって半分っていう意味でしょう。あまりいいイメージのことば
　　　　　じゃないと思うから，私たちはダブルっていってるの」（美里の物語）
「ダブル」は「ハーフ」に比べ，まだ市民権を得たとはいいがたいが，上記の趣旨に賛同し，本書でも「ダブル」を用いることにする。
（5）　義務教育からの疎外
　義務教育に関しても，非常に大きな問題がある。外国人の子どもをもつ親には，「義務教育」の責務が適用されない。そのため，子どもが「もう学校，行きたくない」と言えば，「そう，じゃ勝手にすれば。一緒に働くか？」となる場合もありうる。このことは受入側である学校の教師の意識にも微妙に影響する。つまり「外国人の子どもは義務教育の対象じゃないんだから，来なくてもいいんだ」となる場合があるわけだ。このことは，日本の子どもに接するときと比べて大きな意識の差となりえる。
　この件に関して，国連の子どもの権利委員会，人種差別撤廃委員会は日本に対し数回にわたって是正を勧告している。
（6）　学習日本語という壁
　さらに外国由来の子どもへの教育に関しては，「学習日本語」と「生活日本語」という巨大な問題が存在している。
　小学校には，少し会話をしただけでは日本語に何不自由ないように見える外国由来の児童が多くいる。そしてその結果，「日本語支援は必要ない」と思いこんでしまう学校の先生が多い。しかし実際には，「生活日本語」は中上級レベルだが「学習日本語」は初級レベルという外国由来の児童生徒が多く存在しているのである。
　この「学習日本語／生活日本語」というなじみのない言葉は何だろうか。具体例をあげれば，「三角形」は「生活日本語」であり，「二等辺三角形」「内角の和」などは「学習日本語」である。学校で友だちとわいわい仲良くやっている外国由来の児童であれば，たいてい「三角形」は知っている。それは生活の

なかで頻繁に出てくる常識レベルの単語だからであり，子どもが学習する初級向け日本語教材でも取り上げられているからでもある。いっぽう，「二等辺三角形」は生活上見かけることはきわめて稀であり，初級向け教材ではそこまで取り扱っていない。語彙量が膨大となるためである。

　日本の子どもは，小学校でじっくりと「学習日本語」とその概念を学習していく。教科学習そのものも少しずつ進むのだが，それよりも小学校では学習日本語の定着に重点をおいている面がある。筆者には小学3年生になる息子がいるが，2年生の教科書から「ずいぶんむずかしいことば（＝学習日本語）を勉強しているな」という印象をもった。3年生になると，そういった学習日本語を当人がスラスラ使っている。そうして学習日本語を定着させたうえで，中学校からそれをベースにやや高度な教科学習が始まるのだろう。日本の子どもでも中学生になると勉強についていけないケースがあるのは，小学校では学習日本語の定着が不十分でも教科学習がゆっくりのため何とかついていけたのが，中学校からは学習日本語の基礎なしには対応が困難になるためではないか。

（7）　外国由来の児童が学習日本語と生活日本語を習得するために

　翻って外国由来の児童を見ると，生活日本語がまるで不十分なまま小学校に入学する場合，まず生活日本語の習得にエネルギーを注ぐことになり，ほかの児童のように学習日本語の積み重ねが進みにくい。ましてや，多いケースであるが9～10歳といった小学校中学年に外国から転入してくる場合，周囲の日本の子どもはやや高度な学習日本語を学んでいるのに，その子どもは取り出しクラスなどで生活日本語を学習するのに必死で（取り出しクラスもない状況も多い），学習日本語の習得にエネルギーを割く時間がない。また，生活日本語の習得もスムーズにいかず，クラスで話されている内容がほとんど理解できないまま，「お客さん」として座っているケースすらある。

　通常，生活日本語に関しては，言語習得に望ましい柔らかい脳をもった子どもであること，また日本語が「話す」「聞く」に関しては習得困難な言語でないために，親より早く正確に習得する子どもが多い。発音の習得はスムーズなことが多く，また一部のよく使う語彙・構文を使わせていれば日本人の児童生

徒と大差なく見える場合もある。そしてそのために，教師が「この子は日本語学習は必要としないな」と見極めちがいをしてしまうケースも多い。本節図2であげた文部科学省発表の「日本語指導が必要な児童生徒数」には，こういった見極めちがいによる誤差が入っている可能性が高い。

　いずれにせよ，外国由来の児童が，日本の児童と同様に学習日本語を習得することがいかに困難かを理解できるだろう。そして，「二等辺三角形」や「内角の和」がわからずに中学・数学の文章題が解けるだろうか。「米」や「麦」がわかっていても「穀物」という単語がわからずに中学・社会のテストで高得点がとれるだろうか。当然，不可能であり，こうしてその児童生徒の本来の知能とは別次元の問題によって次第にクラスの「お荷物」となっていく。

（8）　学習日本語の壁を乗り越えたケース

　ただ，努力をして「学習日本語の壁」を乗り越える外国由来の児童生徒もいる。以下，松本市で開かれた「日本語を母語としない子と親のための進学ガイダンス[41] in ながの 2013」で，「進学した先輩からのコメント」を述べたスリランカの高校生の話を紹介することにする。

　このスリランカの高校生は小学3年生のときに来日し，東京に住みはじめた。インターナショナル・スクールに通いだしたが，英語がそれほどできなかったため当初は苦労した。しかし必死の努力で英語を習得したあとは，スリランカでも得意科目だった数学・理科で学校のトップ・クラスになった。そうしたころ，親の仕事の関係で長野県松本市に引っ越すことになった。その松本にはインターナショナル・スクールがなく，通常の中学校で日本語をベースに勉強するしかなかった。こうしてこの学生は，次は日本語の壁に直面することになった。とくに漢字の習得は困難で，絶望しそうになったことも幾度かあったという。そのときに，この学生を支えたのは「医者になる」という目標だった。くじけそうになるとこの目標を思い出し，必死に漢字，そして学習日本語の学習を続けた。

　今は高等学校に進学し，今後の大学入試に備えて学習している。すでに英語は全校でトップクラスであり，ほかの科目も国語以外は相当な実力がある。高

等学校卒業後は，日本人学生と同じく一般入試を受けて大学の医学部を受験する予定でいる。このように「学習日本語への適応に成功」して，日本人学生の範となる外国由来の生徒も存在している。

現場で外国由来の児童生徒に長年指導してきた関係者によると，大学進学に成功する児童生徒は，ルーツとなる国で小学校高学年か中学校1年程度まで過ごし，そこで母語を論理的なレベルまで使えるようになり，学習〇〇語（学習ポルトガル語，学習中国語など）の概念を習得している人が多いということである。つまり母語である程度の知的レベルに達していれば，大変な困難はともなうが，それを日本語に置き換えて理解していくことは可能であり，その後の成長が見られるということである。母語をしっかり論理的思考レベルまで鍛えておくことの重要性がわかる。

（9） 落ちこぼれによるショック

しかし現実には，自国で数学などで好成績をとっていた児童生徒が，日本ではこの学習日本語の壁のために「落ちこぼれ」になってしまうケースも見られる。母語で提示されればスラスラ解ける内容であるにもかかわらず，問題そのものが理解できないため解けないのである。そのことは，児童生徒に大変なショックを与えることになる。

どの年齢で来日するにせよ，外国由来の児童生徒が学習日本語の面で日本人児童生徒に追いつくことは困難なことであり，すぐれた教師，支援者，友だちにめぐり合い，支援体制が整った町に住む場合を除いては，彼らに自力では解決不可能に近い難題を押し付けているのが現状である。そのことが，児童生徒の心に大きな傷を残すことになる。

その結果として生じるのが「不登校」である。日本の子どもでも大きな問題になっている不登校だが，比率でいえば外国由来の児童生徒の不登校率は非常に高い。文部科学省が2005，2006年に外国人の集住地域で実施した調査によれば，就学状況が把握できない児童生徒数は17.5％にのぼっており，これは約6人に1人という大きな数字である。

子どもは，不登校でも確実に年を重ね，身体が成長する。結果として，中学

校も卒業していない二十歳の外国由来の青年が誕生する。法律上は完全に「大人」である。中卒ですらないこの学歴では，日本国内で普通の職に就くことはまず不可能である。かろうじて仕事を見つけたとしても，収入は少なく不安定であろう。

　このように現状では，日本語もルーツの国の言語も中級程度で論理的思考レベルに達していない「ダブル・リミテッド」の若者が量産されている。

　現在，問題視されていることは，このような厳しい境遇にある若い外国由来の男女が出会って子どもを産み，親になるケースが増えていることである。少子化の現代において，子どもを生んでくれること自体はありがたいのだが，日本社会にうまく適応しているといいがたく将来の道も限られている若者2人が，余裕をもって妥当な方針で育児を継続していけるのか，その子どもに適切な教育機会を与えられるのか，やや不安が残る。これら家族への十分な支援体制を整えていく必要があるだろう。

(10)　アイデンティティの揺らぎ

　不登校と同時に，大きく問題視されていることは，これらの行き場のない外国由来の若者の「アイデンティティの揺らぎ」の問題である。日本人の両親のもとで生まれ，日本国内で日本語を母語とし，日本文化を自分の文化として育った人はアイデンティティを意識することすら少ない。しかしその人は，無意識のうちに「自分は日本人である」という強固なアイデンティティを保持している。そして，そのアイデンティティをベースに人生設計をし，生きていくことになる。多くの日本人にとって国籍におけるアイデンティティはあまりに当然なもののため，その重要性を意識することすらないが，きわめて重要なものである。

　以前，信州大学にイタリア系ドイツ人，つまりイタリア人の両親をもつがドイツで生まれ育った学生が留学してきたことがあった。以下は，彼のコメントである。

　　「移民であることで少しイヤなのは『本当のホームはどこ？』ということだ。
　　ドイツで私は外国人（彼の容姿はイタリア的）で，イタリアに行ったら私は

ドイツ人（ドイツ語を流暢に操り，発想もドイツ的）。ちょっと変。イタリアのパスポートをもっているのに，いつも『あ，ドイツ人が来た』と言われる。親戚からも『ドイツ人』と呼ばれている」

「自分が何者なのか」「自分はイタリア人だと思いたいが周囲はそう見てくれない」といったアイデンティティが不安定な状態は，人間性の形成にややマイナスの影響を与える場合がある。人間は，自分の所属とそこへの帰属感があってスムーズに成長を持続できる動物なのだろう。確立したアイデンティティをもてない外国由来の児童生徒は，当たり前のように「日本人」というアイデンティティをもつ日本人の児童生徒と比較して，深い悩みをかかえることになる。

もちろん，このような揺らぎを感じた若者のすべてがねじ曲がった人間性をもつようになるわけではない。なんの悩みももたない人よりも深く悩みこむことで，自我を深く見つめ直し，自分と深い対話をし，「アイデンティティの自己決定」という通常の人は経ない困難で重要な過程を経て成長していくケースがある。それにより，より深みのある人間になっていく。政治学者の姜尚中（カンサンジュン）氏などはその好例といえるだろう。

しかし，誰もがその悩みをバネに成長できるわけではない。親は当事者であるために，子どものアイデンティティの問題に介入できないことが多い。そして深く悩んでいる子どもに寄り添って支える第三者の存在はわずかである。結果的にアイデンティティが崩壊し，押しつぶされてしまう児童生徒が生まれてくる。自暴自棄，周囲や親への反発・敵意をもってしまうケースも見られる。

(11) 日本人のアイデンティティが及ぼす影響

外国由来の児童生徒のアイデンティティ問題に大きな影響を及ぼす要素として，無意識のうちに形成される「強固な日本人のアイデンティティ」があるだろう。それは，日本人がそのようなアイデンティティの存在に気づかないほど意識の根底にあり，「同一性」効果に絶大な威力を発揮している。同じ顔，体格，国籍の「同じ仲間」だから，自分と「同様に」考えるだろう，感じるだろう，行動するだろうという安心感は非常に大きい。逆にこの日本人アイデンティティは，自分と「同様に」考えないかもしれない，感じないだろう，行動

するとは思えない「相手」＝外国由来の人には自動的に警戒感や敵意，または卑屈な感情をもたせる。そして外国由来の子どもは，自分が日本人のような顔をしていない，自分は日本語がスムーズじゃないとわかっているため，日本人の仲間に入りこみにくいことを知っている。このことは有形，無形のプレッシャーとなって外国由来の子どもを苦しめている。

　また，この日本人のアイデンティティが意識の表面に強く，まちがった方向で現れたものがヘイト・スピーチなどに代表される外国由来の人への攻撃姿勢である。ネット・メディアの代表である2ちゃんねるで「日本は，正しく日本人のものである」というコメントを見たことがある。戦前のような意識過剰で大仰な日本語を使い，日本人以外の者の存在を排撃し，同じ意識の者で集って行動しようとする。この種の日本人のアイデンティティは，中国や韓国，東南アジアの国々に，ともすれば日本が戦前と同じような軍国主義の方向に突き進むのではないかという危惧を抱かせる原因になっている。そのことも，日本とアジア諸国が「良好で落ち着いた信頼関係」を構築できない理由の1つである。

　また近年，「日本はこんなにすぐれている」「日本は世界で好かれている」と広言する「新ナショナリズム」ともいえる動きが若者を中心に見られる。そのような本が爆発的に売れ，講演会は満員である。この動きも他国から警戒の目で見られている。本当の意味での「日本の強さ」「すぐれた面」を知っている者は，わざわざそのような広言をしなくても心に深く誇りをもっているものである。

(12) 危険な状況の現出

　これまで述べてきたように，外国由来の児童生徒が学習日本語の習得で「落ちこぼれ」となり不登校となり，さらにアイデンティティが崩壊した場合，残念ながら社会にとって危険な因子になってしまう場合もありうる。まずは，収入を得るために売春，麻薬の売買などの違法な世界に入っていくケースがある。さらに，将来の不透明さと日本社会の疎外感，アイデンティティの崩壊から自暴自棄になり社会に敵意を向けてしまう。すでに，中国残留孤児の孫などを中心に東京で活動している半グレ集団「怒羅権（ドラゴン）」は，「非常に危険な

存在」として知られるようになっている。同様のことは，東京以外の地域でも発生しうる。警察は以前からこの問題に注目し，多文化共生に関するさまざまな勉強会や会議に参加して情報を得るとともに警戒を続けている。

　このような憂慮すべき状況も生じているが，結果として生まれてしまった外国由来の若者の暴力的グループを見て，「だから外国人など入れなければいいんだ」と言っていてよいのだろうか。根本的な問題解決のために，彼らがそのようなグループを形成する前に，学校現場で十分な「学習日本語」の指導をしたのだろうか。「黙って座っていてくれればいい」「不登校になったが，日本の子どもとちがって義務教育じゃないから別に構わない」といった教師の意識がどこかになかっただろうか。日本の子どもと同様に，対等に一人の大事な人間として扱っていただろうか。「外国人だから」「どうせ日本を出ていくんだから」というバイアスがどこかになかっただろうか。

　外国由来の児童生徒だからといって，人間としての基本的な能力が日本の児童生徒より低いということはない。もし学習日本語の壁を乗り越えて不登校にならず，高等学校，専門学校，大学などへ進学できれば，彼らは「少子化問題」に直面している日本の「希望の星」になりえるのである。若く，2つ以上の言語を操り，日本の文化を理解して世界にも通じている人材として活躍の場は大きく広がっている。今後，日本の国家戦略として，彼らを「日本の貴重な人材」として育てるべきである。前述した「オーストラリアの移民児童に対する言語戦略」などのように，日本でも外国由来の児童生徒の戦略的養成を考える時期だろう。現状は，あまりにもったいない。

(13)　文部科学省の審議会・検討結果「特別の教育課程」

　2013年5月に文部科学省は，以下の「日本語指導が必要な児童生徒に対する指導の在り方について（審議のまとめ）」という検討会議の結果を発表した。

> 「全国で一定の質が担保された日本語指導ができるよう，「特別の教育課程」の編成・実施を認めることが必要。」
>
> 指導内容：　児童生徒が学校教育において各教科その他の教育活動に，日本語で

```
              参加できることを目的とする指導
                  → 具体的には学習日本語の指導等
指導者：   ①日本語指導担当教員（主たる指導者）： 教員免許を有する教員
          ②日本語指導補助者： 日本語指導や教科指導等の補助を行う支援者，
          子供の母語が分かる支援者（必置ではない）
              → 取り出しクラスなどがある場合，そこで指導している人
授業時数： 年間10単位時間から280単位時間までを標準とする。
指導の形態及び場所：  ・在籍する学校における取り出し授業
                    ・他校における指導
```

　これまで，それほど具体的な施策を示さないできた文部科学省が，外国由来の児童生徒への日本語指導を新たな「特別の教育課程」として制度的に位置づけたことの意味は大きく認められる。これは学校教育における新たな制度であり，学校教育法施行規則改正および文部科学省告示制定について公布され，準備期間をおいたあとに実施に移されるものである。前述の「外国由来の児童生徒の戦略的養成」にはやや遠いが，これまでの状況を考えれば大きな一歩の前進である。この取り組みが，これまで日本政府が繰り返してきた「長期戦略なき小手先施策」に終わらないことを期待する。

5　生活上のトラブル

（1）　ゴミ出しなどでの不十分な生活マナー

　　拓夢の父「（外国由来の住民は）日本のルールも守ろうとしないんだよ。ゴミなんてヒドいもんだよ。曜日関係なしにボンボン出すし，テレビとか回収できないものも出すし」

　拓夢の父親が友多の質問に対して答えたように，近くに外国由来の人が住んでいて，同じように感じたことがある人もいるかもしれない。このような事実があることは確かである。日本語を知らないためにゴミ出しのルールがわからず勝手にゴミを出す，町内会や地域のつながりの意味を日本語能力的にも文化的にも理解できず，まったく協力しないといったケースである。もっとも，最近は日本の若い人も地域活動に無理解な人が増えており，場合によっては外国

由来の人よりも対応が悪いケースが見られる。

（2）　日本の生活についての小冊子

各市町村では，外国由来の人のためにゴミ出しやさまざまな日本の生活ルールをまとめた多言語の小冊子を用意しているところが多い。そして新しく転入してきた外国由来の人がいれば，その小冊子を渡している。しかし，それらはあまり有効に機能していないようだ。

それらの小冊子は，日本の生活ルールを知りつくしている市役所など地方行政組織（以下，行政）の担当者が書いたものだ。その文書をそのままポルトガル語・中国語・タガログ語などに翻訳しても，外国由来の人はそれを理解することはできない。なぜなら，その文章の背景となる日本の生活に関する基礎情報がまったくないためだ。いっぽう，行政の担当者は日本の生活事情を知り尽くしているため，外国由来の人がどのレベルからわからないか想像することがむずかしいようである。

また，たとえ自分の母語で書かれていたとしても，絵も写真も少なく文字だらけのおもしろくもなさそうな小冊子を，あとで家に帰ってからじっくり読むだろうか。文化によっては，文書を「読む」という習慣自体があまりないものもある。その結果，ほとんどの場合，日本の生活に関する小冊子は，外国由来の人が家に帰ってからポーンと放り投げられてお役御免となる。

（3）　生活ルール習得の困難さ

生活ルールは，「文化」そのものである。外国に行ってその国の人の考え方を理解するのに時間がかかるのと同様に，外国由来の人にとって異文化である日本の生活ルールを習得することは，時間がかかる困難なことである。そのことを日本人側も想定しておいたほうがよい。また，日本の生活ルールを知ったあとも「そんなことしなくてもいいじゃないか」「めんどくさい」という気持ちが生じてしまうのは，「異文化理解のむずかしさ」の1つである。いっぽう，子どものときから日本の文化で育ってきて生活ルールが身についている日本人には，そのむずかしさ，めんどくささが理解しにくいのだ。

たとえば，筆者が2008年夏にニューヨークへ研修に行ったときのことだが，

町のあちらこちらに巨大なゴミ箱が設置してあり，ニューヨークの人々は紙のゴミもビンもカンもペットボトルも関係なくそのゴミ箱に放り込んでいた。最初は「どう捨てればいいんだろう？」と躊躇していたが，すぐにポンポン捨てに慣れてしまった。「楽」なのだから。その「楽」さに慣れたニューヨーカーが松本市に来たらどう感じるだろうか。また，容器包装プラスチック用，燃えるゴミ用，ペットボトル用，ビン用などいくつもあるゴミ箱の列を見たら，どのように感じるだろうか。1つ1つのゴミ箱にゴミを分別して捨てることの「エコ的な有意義さ」は理解できるだろうが，それより前に「めんどくさい」と思ってしまうだろう。これが異文化理解のむずかしさである。

また，ニューヨーカーは，松本市内にあまりゴミ箱が設置されていない状況を見れば，「市政の怠慢」と怒るだろう。ちなみに，松本市のMウィングでは「ゴミは持ち帰りましょう」が徹底されているため建物内にゴミ箱がない。なお，ニューヨークの巨大なゴミ箱を回収する仕事をしていたのはヒスパニック系[42]の人たちであり，明確なヒエラルキーができていた。

（4）転入時ガイダンスの有効活用

日本の生活ルールを覚えてもらう最も有効な方法は，外国由来の人の転入時の手続きの際に，顔を突き合わせて相手の言語でしっかりガイダンスをすることである。それも，できれば3回以上実施する。しかし，現実的にそれは不可能であろう。行政の人にそれだけの時間的余裕はなく，どの国の人がいつ転入手続に来るかわからずに多くの言語の通訳を待機させておくことはできない。

ただ，外国由来の人に日本の生活ルールを理解してもらうには，上記のような大きな努力が求められていることは理解しておいたほうがいい。また，その努力が，かえって無用なエネルギーの軽減につながることも理解すべきだろう。ゴミ出しのルールを知らずに守らないでいた外国由来の住民と日本人住民との間で深刻なトラブルでも生じれば，その解決には巨大なエネルギーを要する。また，このような大きな努力をしても「異文化の理解とルールに沿った実際の行動はむずかしい」ことを頭に入れておかなければならない。

現在，転入時ガイダンスの現実的な方策として，次のようなことが考えられ

ている。

> 1．転入してきた外国由来の人に，その人が理解できる言語でつくられた「日本の生活ルール」の映像を見せる。自動車免許更新講習で見る映像のようなものを5分程度。
> 2．その後，行政の人ではなく，外国由来の人自身が自分の苦労をもとに作成した小冊子を渡して読むように伝える。できれば映像を見たあとで読む時間を30分ほど与える。
> 3．さらに，その国の人のコミュニティ（同国人同士で集まって協力したり，楽しんだりしているグループ）のキーパーソンの連絡先を教える。
> 4．キーパーソンにも転入者の情報を伝え，キーパーソンから転入者にコミュニティの会合に参加するよう声をかけてもらう。その際は，共通の言語を用いる。
> 5．会合には，行政の担当者か，行政から委託を受けたNPOの者が参加し，その国の言語通訳つきのガイダンスを数回行う。単なる話だけでなく，実演や日本の人がかかえている不満，トラブル・ケースや解決のケースなども話す。
> 6．ときには，防災のワークショップなども行う。東日本大震災後，外国由来の人の防災の意識はかなり高まったので参加率が高い。

以上，質問2「外国の人はどんなことで困っているんだろう？」への回答として，大きくは「日本語教育プログラムの未整備」「疎外意識」「子どもへの教育未整備」「生活上のトラブル」の4つをあげた。ほかにも外国由来の人が困っている状況は多々あるが，次の質問に移ることにする。

回答3 ◀◀ **質問3** 外国の人が一緒に住んでいると「いいこと」って何かなぁ？

多様性，地域でのつながり，グローバル人材の地域での育成，日本を深く知る

　　　　拓夢の父「いいことなんて大してないんじゃないか？面倒ばかり多くて」

これは拓夢のお父さんが不満げに答えた言葉である。2ちゃんねるなどのネット・メディアをのぞくと，このような意見が氾濫している。曰く「治安が

悪くなる」「自分たち（とくに若者）の職がなくなる」「日本の伝統が消えていく」「生活上のトラブルが増える」「日本が外人にコントロールされてしまう」などが代表的なものだろう。しかし，本当にそうなのだろうか。もし本当にそうであれば，なぜ「経済成長と移民政策は不可分」と考える先進国があるのだろうか。また，なぜ新たに移民を積極的に受け入れようとしているアジア諸国があるのだろうか。

1　楽しさ＆おいしさ

（1）　わかりやすい「いいこと」

まずは，わかりやすい「いいこと」から見ていくことにしよう。それは，「こいこい松本」のような祭りに代表される「日本とは異なる新しい世界，文化を知る楽しさ」である。見る，やってみる，食べる，話すなどの行動を通じて新しい文化を知る。それは純粋に新鮮で知的に楽しい。あくまでも，そう感じられる人にとってはだが，比較的多くの日本人に簡単に感じられる「いいこと」だ。

（2）　食べものの力

とくに，「食べもの」の力は大きい。「こいこい松本」でも最も多くの人が集まるのは3階の「世界のフードコート」である。筆者たち主催者側の意図に反して，残念ながら世界の料理だけ食べてほかのさまざまな文化にふれずに帰る人もいるようだが，チケットを買う段階で長蛇の列，実際にオープンしてからも各国ブースの前は黒山の人だかりができる。食べるときはテーブルやイスが足りなくて床で食べている人がいるほどだ。それぐらい，世界の食べものは多くの人を惹きつけ，楽しませてくれる。

「こいこい松本」の世界の料理は割安だが，通常，日本のなかでのアフリカ料理やトルコ料理，韓国料理やタイ料理などのエスニック料理店は，さまざまな要因により値段が高めである。そう，しょっちゅう行ける店ではない。それでも長く続いている料理店が多いのは，高くても行きたいという需要があるからだろう。

しかし移民受入先進国に行ってみると，移民によるエスニック料理店は安くておいしいことが多い。以前，オランダ・ベルギー・ドイツに１週間ほど出張に行ったことがあるが，その１週間でトルコ料理店に入ることなんと３回だった。とにかく，安くてうまいのだ。オランダなどは外食の費用が高く，普通のレストランの料理にはなかなか手を出せなかったが，「移民の料理」なら大丈夫だった。トルコ，中国，ベトナムなどの料理店は数も多く，人気がある。数週間過ごしたカナダで印象に残っている料理も，現地の料理ではなくメキシカンと台湾料理である。

　今後，日本にさらに多くの外国由来の人が住むようになり，彼らが自国の料理店を始めることで，日本のエスニック外食の様相が一変するかもしれない。質はそれほど落とさずに，高価から廉価へ，バリエーションはさらに豊富に，一般の日本人が喜ぶ方向へ変わっていく可能性がある。それを期待したい。

　上述したが，「外国の食べものや文化が入ってきたら，日本古来のものが失われてしまう」という意見をよく聞く。それを聞くと「そんなに日本古来の文化に自信がないのかな」と思う。たとえ安くておいしいアフリカ料理店が何軒かできても，いい寿司屋がなくなることはない。どんなにおいしいベトナム料理チェーンが生まれても，いい温泉旅館で素敵な和食に舌鼓を打ちたいという日本人の欲求はなくならない。

　むしろ，外国から入ってきた料理を日本風にアレンジし，カレーやラーメンに続く「新たな日本の国民食」をつくってしまうだろう。そうでありながら一流の和食は消えることはない。日本の文化はそういった「したたかさ」を1000年以上前からもっている。そのことにもっと自信をもっていい。

2　日本社会への多様性の導入

（１）　最も大きなメリット

　ただし，「楽しさ」「おいしさ」は表層的なものであり，「だからこそ外国の人を受け入れることは有効だ」という十分な根拠にはならない。では，外国の人を受け入れる最も大きな「いいこと」は何かというと，「日本社会に多様性

をもたらす」ということである。同一性の反対の概念である多様性。この導入が最も大きなメリットである。

（2） 同一性の機能不全を打開する多様性のエネルギー

1945年8月の第二次世界大戦敗戦の焼け野原から，日本人は世界に名だたる先進国を築き上げてきた。その原動力の1つとなったのは，「同一性」である。同じ日本民族，同じ文化価値（人生観，価値観，将来像ほか），同じ言葉，同じ国民性（集中力，自己犠牲，モラルほか）などを武器に，世界に伍して日本は短期間に大きな成功を収めてきた。この強力な「同一性」は，世界の国にはあまり多く見られないものだったため，「日本特殊論[43]」なども生まれたほどである。

しかし，この「同一性」という方法論が機能しなくなったのが，1980年代末のバブル崩壊後である。1990〜2000年代の「失われた20年間」はどうして生じたのか。また，どうして「再浮上のきっかけ」をつかめなかったのだろうか。それは「同一性の枷（かせ）」のためだと考える。同じ日本人同士で（異なるものを排除する），同じ価値観で（ほかの世界のニーズに真剣に目を向けない），同じ方法論で（成功のうまみが忘れられない）進もうとしてきたことにこの20年間の停滞があった。

その状況を打開する鍵が「多様性」である。多くの問題をかかえながらもアメリカが数百年にわたって非常にエネルギッシュな国であり続けている所以を，多くのアメリカ人が異口同音に「Diversity：多様性」のためだと言い切る。1960〜70年代にドイツ，オランダ，イギリスを始め多くの欧州諸国が「移民受入」に踏み切ったのは，単純労働者の不足もあるが，「多様性による閉塞状況打開」を狙ったのではないかと思われる。たしかに，その後多くの混乱を招いているのは事実だが，移民が欧州社会に活力を与えた側面は無視できない。しかし現状では，ネット・メディアも含め多くのメディアが，欧州での移民受入の「プラスの側面」を見ず「マイナスの側面」ばかり強調している。それにつられ，多くの日本人が移民受入について「危険」「問題ばかり」という意見をもっている。2013年度に入り，外国由来の人への差別的過激な発言，反

「在日韓国・朝鮮人」デモなどさらに国粋主義的な傾向が表れているほどだ。

　回答2「困っていること」で述べたように，日本人にない発想と行動力をもち，日本，松本市への強い愛情をもっている外国人がいることは，地域を強くし元気にする。この各地域の元気は次第にネットワークを形成していき，日本全体の「元気」につながっていく。

　多様な文化背景をもつ人を仲間に入れて意見を聞き，一緒に活動し，お互いにプラスの影響を与えあい，実際に活動の成果をあげ，次の活動へとつなげていく。考え方，行動様式，ひらめき，コミュニケーションの仕方など，日本人が外国由来の人と対等に交流することで得られるものは非常に多い。それらが「新たな日本の力」になっていくだろう。

（3）「外国人との共生社会」実現検討会議での「多様性」への言及

　2012年5月に外国人労働者問題担当大臣を議長，関係府省の副大臣級を構成員とする「外国人との共生社会」実現検討会議が設置された。そこで8月に発表された「外国人との共生社会実現に向けて（中間的整理）」に以下のような説明がある。

・社会の中に，外国人も含めた多様な構成員がいることによってむしろ社会が活性化されるといった視点が重要になってくる。
・外国人も含め，**多様性**を受け入れる社会とは，日本人にとっても活力ある社会につながっていくという捉え方をすることが重要である。

　このように「多様性の重要性」は，国政レベルでも認識されているものである。とくに，「日本人にとっても」有用であるという視点が重要である。

　移民を生かして成長につなげた好例は「イギリス」である。「衰えた元帝国」「イギリス病」などと散々揶揄されたイギリスが復活したのは，故サッチャー元首相の痛みをともなう改革もあるが，「英語の本場」であることを武器に世界から人材を集めることに成功したおかげでもある。現在も，英語を使って働こうとする優秀な人から英語を勉強したいと考える学生まで，非常に多くの人がイギリスに行き，住みつづけている。そしてイギリスにエネルギーと活力を

供給している。

（4） 高度外国人材の受入

「英語の本場」ほどの武器はないにせよ，今の日本にはほかに武器がある。それは，「安全」「安定した秩序ある社会」「環境への配慮」「きれいな街」などである。日本人には空気のように感じるこれらの要素が，わかりやすい日本の長所「先進技術」などと同様に，実は世界の人々に非常に好感と驚き，尊敬を感じさせているものだ。それを生かさない手はない。

とくに，これらの要素を高く評価してくれるのは，子どもがいる優秀な人材である。最近使われる用語で，「高度外国人材」といわれる一流の研究者，技術者，経営者，芸術家などだ。先進国では，すでにこのような「高度外国人材」の争奪戦が始まっている。どの国も自国の将来の発展に高度外国人材の確保は「必須」と考えているのである。しかし，英語が使えない，子どもの教育が不安などの点から，日本は出遅れている。

しかし，日本も手をこまねいているわけではない。日本経済新聞（2013年7月1日付）の記事によれば，海外の優秀な研究者，資産家などの「高度外国人材」を2020年までに今の倍の人数受け入れて活動してもらうと，実質GDPで1.7%，金額にして8.6兆円を押し上げる効果がある（経済産業省試算）。きなくさい，あまりいい匂いのする話ではないという意見もある。しかし「優秀な外国由来の人が多く日本に住むようになれば，それぐらいの経済効果がある」と経産官僚が真剣に試算し，施策を立案し，高度人材ポイント制というかたちで世界に向けて発表し，2012年5月から運用している意味は大きい。これが現実の動きである。

ただし，2012年にこの高度人材ポイント制を始めたにもかかわらず，この1年で目標の4分の1程度しか利用されていない。そのため，2013年5月には法務大臣によって，「厳しすぎるといわれる年収要件などの見直し」「MBAなど一定資格にボーナスポイント付加」「家事使用人帯同の緩和」といった修正を行うことが発表された。法務省はこのように，日本での活動を考える高度外国人がこの制度を使いやすくしようと動いている。

(5) 留学生30万人計画

また，2008年に当時の政権党・自民党の福田首相が提唱した「留学生30万人計画」だが，これは1978年の「留学生10万人計画」とは目的が大きく異なる。留学生10万人計画は，知的国際貢献を目的とし，途上国の若者を日本で指導して出身国に帰し，その国の発展に貢献し，将来の日本の力に変えようというものだった。いっぽう，30万人計画は，優秀な外国の若者を大量に受け入れ，大学卒業後3年でも5年でも日本社会で働かせ，日本社会によい影響を与えてもらいたい，もし気に入ったら日本に永住しても構わないという「高度外国人材の卵」受入策である。

2008年に発表された「留学生30万人計画骨子」に，以下のような説明がある。

・日本を世界により開かれた国とし，アジア，世界との間のヒト，モノ，カネ，情報の流れを拡大する「グローバル戦略」を展開する一環として，2020年をめどに留学生受け入れ30万人を目指す。
・大学等の専門的な組織の設置等を通じた留学生の就職支援の取組の強化
・企業側の意識改革や受入れ体制の整備を促進

「日本をより世界に開かれた国」とするという目標は，2008年の時点ですでに明記されている。その目標実現の一方策として示されたものが，留学生30万人計画である。

このように，国の施策は，すでに「高度外国人材の積極的受入」を視野に入れている。そしてその目的は「日本社会に欠けている多様性を高度外国人材に導入してもらい，今後の日本の活性化につなげる」ことである。このように，外国由来の人の新たな受入による「多様性の獲得」は，きわめて重要な「いいこと」である。

3 地域での実際の「人」のつながり

(1) 身近な多文化共生の例―ある町内での出来事―

ただし，このような「オラには，あまり縁のない話だぁ」というオジさんの

つぶやきが聞こえてくる高位のレベルだけでなく，単純労働者として住んでいる外国由来の人とゴミ・トラブルなどを超えて「いい関係」を築きあげた次のような例が全国に見られる。

　外国由来の人の集住地域に住む73歳の日本人Aさんは，いつも日系ブラジルの人たちのゴミ出しマナーの悪さにイライラしていた。ある朝，日系ブラジル人Bさんがカンやビンの入ったゴミ袋を「燃えるゴミ」の日に置いて行こうとしたのを見て，ついに堪忍袋の緒が切れた。Bさんが日本語がわかるかどうか構わず，「おいっ，今日はカンを出しちゃダメだ！」と叫んだ。幸いだったのは，Bさんがこの日本語がわかるぐらいに日本語を習得していたことだ。Bさんはしっかり日本語で「えっ，そうなんですか？　カンはいつですか？」と聞き返してきた。怒っていたAさんもBさんの素直な反応をみて少し怒りが収まり，「カンを出してもいい日が月に2回あるんだよ。そういう紙，もらわなかった？」と話しはじめた。

　その日はBさんが時間に余裕のある朝だったこともあり，二人はゆっくり話し合い，次第に話はほかの日系ブラジル人の状況に及んだ。Bさんは中級レベルの日本語コミュニケーションができるが，漢字だらけの文書は読まず，ゴミに関するポルトガル語で書かれた表も意味がわからず，放り投げていた。そのため，ゴミ出しのマナーはわからなかったのだ。ほかの日系ブラジル人には日本語コミュニケーション能力が初級レベルか，まったくない人が何人かいた。BさんはAさんに，自分がほかの仲間に責任をもってゴミ出しのルールを教えると約束した。

　Bさんが「口約束だけの人」じゃなかったことも幸いだった。彼はほかの10名以上の日系ブラジル人向けに「彼なりの解釈を元にした，わかりやすいポルトガル語のゴミ出しルール表」をつくり，それを渡しながら仲間に説明した。その結果，その地域の日系ブラジル人のゴミ出しマナーは見違えるほどよくなった。

　それで気をよくしたAさんは，ほかの町会の仲間に話して了解を得，Bさんを町会の役員にした。Bさんも，よくわからないながらも会議に参加し，そ

こで教えてもらったルールなどを仲間たちに伝えた。そのうち，「ある程度，日本語でコミュニケーションができる日系ブラジル人」たちも，Bさん同様，近所の人と軽く挨拶したり立ち話しするようになった。彼らも実は「近所の日本人との溝」を気にしていた。その突破口が開かれたことは，彼らにとっても幸福だった。

その地域では，マンネリ化・高齢化で活気がなくなってきていた地域のイベントに，外国由来の若い人が子連れで来てくれるようになった。Aさんは「老人ばかりのウチの町会で，日系ブラジルの若い人たちは頼りの綱だ」とまで言うようになった。この状況は地域の新聞で取り上げられ，多くの人に知られるようになった。今後，ほかの地域に波及する可能性もある。

（2） 地域の外国由来の人と交流する「楽しさ」

この例のように，高度外国人材といった国レベルの話だけでなく，生活が行われている地域レベルで「日本に住もうと考えている外国由来の人」と「日本人住民」との心温まる，楽しい交流が増えていくことが望ましい。その「楽しさ」は祭りのような一時のものではなく，継続して人の心を温かくしつづけるものだ。そして，それまでにない新鮮で知的なものである。そういった「楽しさ」を知った人は，ヘイト・スピーチや攻撃的デモなどにかかわることはないだろう。逆にこのような「楽しさ」を知らず，外国由来の人のマナーの悪さといった「表面の問題」にとらわれ，怒りつづければ，「外国人排斥」などの運動に入ってしまう可能性がある。どちらになるかは，上記の例のように，「きっかけ」があるかないかである。また，NPOや行政などは，この「きっかけ」が増えるような取り組みをしていくべきだろう。

また，知られていないが，多くの外国由来の人は日本人との交流を望んでいる。自分たちのコミュニティだけにひきこもっていたいと考える人は少数である。松本市が2010年に外国由来の住民1000名を対象に実施した調査結果では，60％が「日本人と公私ともに深く付き合いたい」と回答した。いっぽう，ブラジル由来の人の45.2％が「（現在，日本人と）プライベートの交流はない」と回答しており，ニーズと実態がかけ離れていることが明らかになった。外国由

来の友人がいる日本人は，多少のトラブルの話や実際にトラブルにあっても「外国由来の人への抵抗感は強くなりにくい」という結果もあり，今後も「外国由来の人との交流を拡大」させていくことには大きな意味がある。

　大学で仕事をしていると，多くの日本人は「留学生との交流」には熱心だが，「外国由来の住民との交流」にはさほど熱心でないという印象を受ける。しかし，より長く一緒に住み，地方税を払い，同じ生活圏に暮らしつづけるのは，留学生ではなく外国由来の住民なのだ。少し目を向ける方向を広げてみてはどうだろうか。

（3）　地方自治体が多文化共生施策を推進する意義

2006年の総務省「多文化共生の推進に関わる研究会報告書[44)]」に，以下のようなくだりがある。

> 　世界に開かれた地域社会づくりを推進することによって，地域社会の活性化がもたらされ，地域産業・経済の振興につながる。
> 　さらに，多文化共生のまちづくりを進めることで，地域住民の異文化理解力の向上や異文化コミュニケーション力に秀でた若い世代の育成を図ることも可能となる上に，多様な文化的背景を持つ住民が共生する地域社会の形成は，ユニバーサルデザインの視点からの町づくりを推進することにもなろう。

　この報告書にあるように，外国由来の人にかかわりその問題の改善に努力することは，決して「弱者へのサポート」ではない。大都市に若い人をもっていかれて元気をなくしかけている「オラが町」の産業や経済を，元気づけることにつながる。また，すぐれた若い人を育て，世界に誇れる町へと発展する契機となるものである。

4　グローバル人材の地域での育成

（1）　人気キーワード「グローバル人材」

2013年現在，日本で非常によく聞かれる言葉として「グローバル人材[45)]の育成」というものがある。今の若者，子どもを世界で活躍できる人材に育てていかなければ日本の発展はないというものだ。この考え方そのものは正しいの

だが，この言葉とセットで語られるものに「英語教育」がある。小学校低学年から英語を徹底指導すべきだといったものである。

（2） 英語偏重と井上ひさしの警告

しかし，考えてみてほしい。今，世界で一番使われている言葉だからといって，英語ができればグローバル人材だろうか。日本が深くかかわる国・地域には英語が必ずしも重要ではない所が多くある。また，英語ができたとしても，国際的な知識に乏しく異文化理解ができず世界の街で暮らしていくタフさがない人はグローバル人材ではない。他国のグローバル人材と一緒に仕事などできない。

また，英語に親しみ英語が使いこなせるようになるということは，「英語でモノを考える」ということだ。言語は「たかがツール」であれど，「きわめて影響力の大きいツール」である。初中級コミュニケーション程度でいいから多くの言語を使えるのはすばらしいことで，まちがいなく世界が広がる。しかし1つの外国語，たとえば英語を，母語である日本語以上に親しみ非常に長い時間使うようになれば，その人はすでに「半日本人・半英語話者」である。発想，論理的な展開，決断の仕方，そういったきわめて重要な「思考部分」を英語に頼るようになり，「英語のほうが楽」と考えるようになるからだ。

このことは，2010年に亡くなった劇作家・小説家の井上ひさしが，終生，警告しつづけていたことでもある。以下，朝日新聞（2000年2月25日付）の記事を引用する。

> 「私たち自身が日本語を深く，しなやかに，正確に使えないと大変なことになります。二十一世紀にこの国の文化，文明をつくっていくための言葉は，日本語しかない。（略）一時の流行で英語に飛びついたりすると，日本語という思考の根拠地がなくなる。根拠地なしでは，ものごとを深く考えることはできない。」

日本語を「しなやかに」使いつづけた達人らしいコメントである。「ものごとを深く考えることができない」状態は，日本で不登校になった外国由来の若者が直面しているダブル・リミテッドの現状と同一である。現在，大学でもそ

のような「根拠地」をもっておらず，「深く考えること」が不得手な大学生が増えつつある。

（3） 外国由来の人と自然に，対等に，配慮しながら生活＝グローバル人材の育成

グローバル人材を育成するには，英語に頼るだけでは不十分である。中上級程度の英語力の習得は必須だが，それに加えて，国内にいる「多文化共生の対象者，つまり外国由来の人」と自然に，対等に，相手に配慮しながら生活できるようになることがグローバル人材の育成につながる。

日本語能力が初中級レベルの相手に「やさしい日本語[46]」を使い，相手とトラブルになってもすぐ感情的にならず，世界の食べ物に慣れ（とくに辛さ），相手の話をじっくり聞いて自分の創造的な意見を述べる。国内であってもこのような態度が取れる人であれば，それはもう「グローバル人材の卵」である。現在，他者に対してカッとしやすく，自分の知っている慣れたモノしか食べず，相手の話を聞かずに自分の意見ばかり主張する人がいかに多いことか。外国由来の人と接する機会は，留学せずとも，英語を勉強しなくても，「近くに住む住民との接触として」「同じクラスの仲間との交流として」すぐそこに転がっている。このことに気づいている人はあまり多くない。たとえば次にあげるように，それぞれが自分の立場で行動することによって，視野が広がり，差別しなくなり，異文化理解が容易になるのである。

①地域の住民として

近くに外国由来の人が住んでいれば，積極的に話しかけてみよう。「どこの国ですか」「日本に来て，何年ですか」といったやさしい日本語なら相手もわかるはずだ。私たち日本人が「やさしい日本語」に慣れる機会にもなる。場合によっては，相手は上級レベルの日本語話者かもしれない。それならラッキーでかなり会話が広がるだろう。少し信頼関係ができたら，皆さんの家に相手の家族ごと招待してみよう。なにも寿司や天ぷらなど用意しなくていい。肉じゃがや「おうちカレー」といった普通の「日本の食事」を出せばいい。多分，相手はその国の料理を1つ持ってきてくれる。お互いの料理の話は，会話を始め

るすばらしいきっかけになる。

②大学生として

あなたが大学生であれば，留学生と親しくしよう。日本語はかなりできるうえ，優秀な人が多い。すばらしい世界の窓になってくれるはずである。それは「ミニ留学」ともいえるものであるが，それを活用しない日本人大学生が多すぎる。

たしかに，留学生も国ごとのグループになって韓国語，ベトナム語で会話していることが多い。最初は話しかけにくいはずだ。しかし，構わず突っ込んでいって日本語でいいから話しかけたらいい。留学生たちは，最初は驚いてもすぐに心を開いてくれるだろう。ニーズがあるのだから。筆者は20年以上「親しい日本人の友だちができない」という留学生の悩みを聞きつづけている。留学生は，日本人学生が近づいてきてくれるのを「待って」いる。本当は，その姿勢もよくないのだが，留学生というマイノリティーの側から日本人学生というマジョリティー側に働きかけるのは大変な努力と勇気が必要である。それだけに，日本人学生の「ちょっとした勇気」が，状況を劇的に変える力になる。

③児童生徒として

あなたが小・中・高校生で，クラスに外国由来の子どもがいるのなら，少し学習日本語を教えてあげよう。一見，日本語ができるように見える子でも，実はキーとなる学習日本語がわからなくて前に進めないでいることがよくある。しかし決して，その子があなたより下だとは思わないようにしよう。日本語面で弱いだけで，実はすばらしく心の豊かな人で，将来あなたを助けてくれるかもしれない。何より「対等なクラスメート」なのだから。

また，その子の国のことを少し聞いて，自分でもインターネットで調べてみよう。世界がパーッと広がっていくように感じるだろう。それこそがグローバル化への一歩だ。

このように，近くに住んでいる外国由来の人と自然に，対等に，配慮しながら付き合うことは，とりもなおさず日本政府が全力を挙げて取り組んでいる「グローバル人材の育成」につながっていく。

5 すぐれた外国由来の人に「助けてもらう」

（1） 上から目線の否定

多文化共生の活動を長年していると，外国由来の人を「助ける」対象だと無意識のうちに考えてしまうことがある。それは完全な「上から目線」の態度で，厳に慎まなければならない。しかし，外国由来の人のなかには，「あの人には，また助けてもらったなぁ」と何度も思うほどのすぐれた人材もいる。

信濃毎日新聞（2013年5月10日付朝刊）で取り上げられたアルゼンチン人の特別支援教育支援員Uさんは，まさにそのような人材である。アルゼンチンで小学校の教師をしていたUさんは1990年に国際結婚で来日した。その後，ある講演をきっかけに松本市教育委員会から特別支援教育支援員の話を受け，以来10年間，5つの公立小学校で働いてきた。

Uさんはとにかく「愛情」にあふれ，「忍耐」強い人で，子どもに何をされても動じない。ニコニコ笑顔が止まらない。また，決して「～しなさい」「～しなければなりません」とは言わない。子どもへの「上から目線」はないのだ。常に「一緒にやってみる？ やらない？ そう，じゃあ，あとでしようね」と子どものペースに合わせ，じっくり時間をかけて付き合う。また子どもが何かをこなすと「○○ちゃん，愛してるよ。抱きしめてもいい？」と言って，ぎゅっと抱きしめる。子どもたちもそんなUさんを心から信頼し，心を開く。

（2） 心と心のつながり

対象は，身体障がいや注意欠陥多動性障がいのある子どもたち，そして外国由来の子どもたちとその親たちだ。小学校を卒業したあとも，彼女と連絡を取り合う子どもと親は数多くいる。それは大変強い「心と心のつながり」であり，彼女によって道を見いだすことができた親子はとても多い。このように松本市では，住んでいる外国由来の人のなかからまさに「得がたい人材」を見つけて「助けてもらって」いるのだ。

この事例からいえることは，次のようなものだ。住んでいる外国由来の人は支援の対象ではない。なかには，日本社会側が助けてもらえるすぐれた人材もいる。日本では得がたいそのような人の力を生かしていければ日本を元気にで

きる。また，そのようにすぐれた人ではなくとも，同じ地域に住み，一緒に暮らしている人たちだ。支援しようと「上から目線」で考えるのではなく，ましてや排除しようと短絡的に考えるのではなく，ともに社会をつくって生きていく仲間だと考えたほうがいい。

（3） 新たな「松本市の仲間」

回答2の**3**で，日本人の外国由来の人に対する「疎外意識」で紹介したオランダ人のDさんは，長い就職活動の末，松本市内で定職を手に入れることができた。今後，Dさんは「松本市民」として生活しながら松本の多文化共生進展のために貢献してくれるだろう。そして，さまざまな「いいこと」をこの町にもたらしてくれるだろう。また，Dさんの「就職の成功」は，これまで松本市での就職を望みながら諦めて東京など他地域で働いているほかの外国由来の人に「自分もやればできるかもしれない」という希望を与えた。今後，さらに同じように「松本市民」になる人が増えるかもしれない。久しぶりに明るい話題である。

6　少子化対策との兼ね合い

（1） 数合わせの論理

「外国由来の人の受入やむなし」という人に意見を聞くと，「少子高齢化が進んでいる日本では，外国人を入れなければどうしようもない」と述べることがある。これもかなりよく流布されている意見だが，筆者はこの意見には消極的肯定である。反対とはいわないが，強調したくはない。数合わせの論理が最終的にうまくいくことは稀である。外国由来の人を「数」と見るのでなく，「仲間」と見なければ，前述の2010年にメルケル首相が多文化主義について述べた「ドイツの失敗」の二の舞だろう。

（2） 冷徹な試算のうえでの労働力受入

数合わせではなく，明らかに人手不足な「看護」「介護」の分野で，どの程度の数の外国由来の人材が必要なのか，その試算をすることが求められている。同様に，レタス出荷などの短期・季節・農業労働者がどの程度の数，どの時期

に必要とされているのか。荒廃しつつある林業分野で外国由来の人の力を生かす可能性はないのか。漁業ではどうなのか。激減した工場での単純労働に代わる労働現場が，現在日本にはどの程度残っているのか。

　2020年に東京でオリンピックが開かれることが決まり建設需要が高まっているが，現場は人手不足のためあまり動いていない。東日本大震災後の復興需要もあり，慢性的な人手不足が継続している。外国から建設労働者受入を考えるべきという提言が政治家からあがっている。これらのような現場に外国由来の人を労働力として入れることで，どのような効果が期待できるのか。

　そのような調査をし，不足する労働者数を試算し，どのように受け入れれば日本社会にも外国由来の人の出身国にも将来プラスになるか，真剣に議論すべき時期が来ている。少子高齢化におびえて単純に労働者を入れるのではなく，高度人材を偏って入れようと力むのでもなく，冷徹な数の論理のうえで，「日本を元気にする」ために必要な数・能力をもった人材を入れていく必要がある。

7　日本を深く知る

（1）留学による「日本のよさ」の認識

　留学することの有効性は広く知られているが，そのなかに「日本のよさを深く知ることができた」というものがある。多くの留学経験者が「他国で生活・勉強をしていると，トラブルや予想外の出来事が頻発する。その原因を見てみると，その国の人の『仕事に対する誠意不足』が原因にあることも多い。そのときに改めて，日本ってスゴい国だったんだなと感じた。たくさんの日本人が，当たり前のように誠意と責任をもって仕事している」などのコメントを述べている。

（2）外国由来の人から「聞く」日本のよさと問題点

　本章の回答3**4**（3）で述べたように，地域に住む外国由来の人と交流することは「ミニ留学」に近い効用が得られる。つまり彼らと接して「日本人以外の目から見た深い日本観」を聞くことで，日本のよさや問題点を認識できるということだ。外国由来の人は，日本事情の知識不足や日本語能力不足により，日本人よりも苦労して日本社会を見つめつつ暮らしている。場合によっては，

差別やいじめを受けているケースもある。そのような状況下でも，彼らが日本に住みつづける理由は，必ずしも「金を稼げるから」だけではない。日本人が意識すらしていない次にあげるような「日本のよさ・強さ」を外国由来の人たちが実感していることも多い。また同時に，彼らは日本の問題点も深く実感しているのである。

- ゴミの分別など，面倒で手間がかかることを黙々と実施している。
- 小学校などでのボランティア活動が盛んである。子どものうちから社会貢献の意識づけをしている。
- マナーがよい。ほかの人への思いやりがある。落し物が戻ってくる。
- 仕事に対する意識が高い。とくにサービス業の人の仕事姿勢はすばらしい。
- 安全である。子どもが一人で学校から帰ってきたり，若い女性が夜に一人で歩いたりできる。
- 伝統文化を大事にしている。今でも着物や和食の人気がある。

（3） 留学生スピーチ大会の人気

全国各地で「留学生による日本語スピーチ大会」がある程度の人気を維持しつづけているのは，留学生が上記の「日本のよさと問題点」を外部の立場から指摘してくれ，それが日本人には知的楽しみになるからだろう。しかし，必ずしもスピーチ大会に行かなくともいい。近くにいる外国由来の人と，おいしいその国の料理を食べながらざっくばらんに話せばいい。彼らが何気なく口にする日本評価は，お金を払っても聞く価値があるような示唆に富んでいる。それは「日本が好きだ」「日本はこんなにすぐれているんだ」と広言する日本人が書いた本やネット・サイトよりもはるかに客観的で知的に楽しいものである。

回答4　　**質問4** 韓国には，外国の人はたくさんいるの？そして，どう付きあっているの？

法律と組織の整備は十分，共生の意識は不十分

韓国女性「ずっと住んでる人は少ないんじゃないかな。私，ソウル出身で，

ソウルには観光客はたくさんいるけど，働いてる外国人はそんなに見ないよ。
　　そうそう英語の先生は別。アメリカやカナダの先生は韓国人に人気があって，結婚して住みついちゃう人もいるんだ」

　これはお祭り「こいこい松本」で，友多がスタンプラリーをした韓国の人から聞いた話である。あまり多文化共生に興味がなく，英語や日本語の勉強にのみ関心をもってソウルに住んでいれば，こういった回答になるかもしれない。この話のなかには，正しい点と正しくない点がある。
　正しい点は，「アメリカやカナダの先生は韓国人に人気がある」ということである。日本も同様だが，韓国でも欧米人（とくに白人）の容姿や雰囲気にあこがれる者が多い。それを知ったうえで無分別な行動をしている欧米人がいる点も日本と同様である。
　いっぽう，正しくない点は，「ずっと住んでる人は少ないんじゃないか」ということである。絶対数でいえば，韓国に住んでいる外国由来の人の数は日本より少ない（約150万人）。しかし毎年の伸び率は日本を凌駕し，全人口に外国由来の人口が占める比率も約3％で，約1.6％の日本よりもはるかに大きい。しかも外国由来の人の滞在形態が，「国際結婚」など定住性が高い点も特徴である。

1　韓国での多文化共生の進展―基本法制定―

（1）　なぜ韓国の状況なのか

　しかし，これまでの本書の流れからして，なぜ急に「韓国の状況」なのだろうか。そして「（韓国の人が）外国の人とどう付きあっている」かが，なぜ重要なのだろうか。唐突な印象を受けるかもしれない。しかし，「韓国は多文化共生面で日本の先を進む先輩であり，その様子から日本が学ぶことは非常に多くある」といえば納得してもらえるだろう。
　韓国では，21世紀初頭から外国由来の人が急増しはじめた。韓国の製造業

が世界的に強くなり，多くの労働者が必要となったことがその一因だ。ただし，それだけで現在の韓国の状況は説明できない。労働者に加えて，韓国の農村に多くの外国人花嫁が来るようになったのである。外国人花嫁は主に東南アジア，とくにベトナムの女性である。

（２） アジアからの外国人花嫁

ソウルはファッショナブルな女性が多いことでも有名な街だが，それは地方にいるファッションに関心のある若い女性が続々とソウルに集結しているためである。その結果，地方で農業などに従事している男性は，結婚に関して非常に可能性が低くなっていた。そこで，仲介業者などがベトナムやモンゴルなどの女性と農村の韓国男性のお見合い結婚を進め，多くの外国由来の女性が韓国の地方に来るようになった。

ベトナムでは国際結婚に抵抗感が少ない女性が多く，韓国は急速に発展してきた国ということで好感をもたれやすかったこともこの流れに拍車をかけた。また，少子化が日本以上のスピードで進む韓国にとって，子どもを積極的に産もうとする外国由来の女性はありがたい存在だった。

（３） さまざまな社会問題と基本法整備

しかし，2000年代前半までは法律などが未整備で，なおかつ韓国国民の意識のうえで「同一性」が強い状態で外国由来の人が急増したことは，当然ながらさまざまな社会問題を引き起こすことになった。労働者のほうでは，労働事故，不当解雇などの問題が多発し，国際結婚した家庭では，言葉と文化の無理解による離婚，家庭内暴力（DV），ダブル（韓国人と外国由来の人との間の子）に対するイジメなどが発生した。また，共通するものとして「差別の助長」もあった。

この状況で，韓国は「外国由来の労働者受入と国際結婚を制限する」方針を取ることも可能だった。しかし当時の盧武鉉（ノムヒョン）政権はその方針をとらなかった。「整備を進めたうえで，より積極的に外国由来の人を受け入れていくことが将来の韓国のプラスになる」と判断したのだ。もし，当時，韓国の国民全体に「外国由来の人の受入」に関する国民投票でも行えば，「受け入れ可」が過半数

を超えたとはあまり想像できない。しかし、盧武鉉政権は将来を考え、政治主導で外国由来の人の基本法を制定した。2007年の「在韓外国人処遇基本法」がそれである。

その後、基本法にもとづいて2008年の「多文化家族支援法」などの関連法が整備され、その関連法にもとづく多文化共生の関連施設建設、さらにそこで働く人材の雇用が韓国全土で進行した。筆者が2011年夏に全羅北道のコチャンという農村へ視察に行った際、「多文化家族支援センター[47]」として改装された立派な施設があり、専門の職員が数多く働いており、そこでベトナム・モンゴル・中国などの母親たちが熱心に韓国語を学習していた。その間、ダブルの子どもたちはセンター内の託児所で遊んでいた。「こんな田舎で？」と思わされる光景だった。現在は、それらの施設を運用しつつ、さらに効率的に運用するための工夫がなされている。

（4） 移民への韓国語教育、社会統合プログラムの整備

韓国では、外国由来の人への韓国語教育も強力に推進されている。韓国語教師に関しては、韓国語教育能力テストの合否および韓国語指導経験に応じて1級・2級・3級という国レベルの資格がある。そして1級などをもつ講師は、大学のほか高等教育機関で指導でき、それなりの収入が得られるようになっている。このように韓国では、若い優秀な韓国人が熱意と将来の希望をもって韓国語教師をめざす道が用意されている。「日本語教師になっても食べていけない」と、優秀な日本人学生が日本語教師をめざさない日本の状況とは正反対といえる。

また、韓国国立国語院が作成した『女性結婚移民者とともに学ぶ韓国語』という教材があり、全国的に広く使われている。この教材の主たる対象が「女性結婚移民者」である点に韓国の多文化共生の特徴が見える。これは、日本では東北地方などの外国由来の人の散住地域[48]に見られる傾向である。

学習者に目を向けると、2009年にKIIP（社会統合プログラム）という国レベルのプログラムが作成・実施されている。このプログラムの実施主体は上に述べた多文化家族支援センターなどである。KIIPは5段階制で、各段階での修

了要件がそれなりに厳しく，5段階に達すると韓国国籍の取得が容易になる。内容的には，1〜3段階は韓国語学習，4・5段階は韓国社会に関する指導が行われる。なお，国際結婚した女性に関しては，4・5段階が免除され，3段階修了で国籍の取得要件が緩和される。「テストは厳しいが，しっかり勉強したら帰化できる」という，移民受入先進国でよく見られる「アメとムチ」方式である。

このようにお隣の韓国では，多文化共生に関して政治主導で短期間にここまで体制が整ってきた。すでに施策では，日本の7, 8年先に進んでいるといってよいだろう。政治主導が機能しにくい日本からは考えられない変化である。

2 韓国の多文化共生の問題点
(1) 外国人の受入意識

とはいえ，韓国での多文化共生の状況もいい面ばかりではない。政治主導で金・モノ・人が整備されて一気に施策が進んだ半面，人々の「心＝意識」がその変化に追いついていないという面が見られる。やはり，体制を整備するよりも建物をつくるよりも，「意識を変える」ことが最も困難なのである。韓国は日本と同等，または日本以上に「単一民族」意識が強いだけに，ベトナム人や中国人などの外国人妻を，同じ地域に住む韓国人が自分たちと対等な仲間として見ることはなかなかむずかしいようだ。

韓国政府も，韓国人と外国由来の配偶者による家族や有名な在住外国由来の人をゴールデンタイムのテレビ番組で取り上げて，韓国国民の外国由来の人受入意識を高めようという努力を続けているが，あまり成果が上がっていないように見える。ある韓国人留学生は，「イギリスなど，韓国より上と感じる国の人に対しては頭を下げるけれど，ベトナムなど韓国より下と思う国から来た人はどうしても下に見てしまう」とコメントしている。

このコメントは，韓国人だけでなく日本人にも当てはまる「本音」だと思われる。この意識がダブルの子どもへのいじめにも容易につながっていく。すでに韓国も日本も先進国であり，欧米諸国を「上」と見る必要はないのだが，こ

の意識はなかなか容易に変わらない。
　（2）　日本が多文化共生で韓国をリードする点
　日本が韓国より多文化共生面で進んでいる点として，質問5で回答する「民間のボランティア」の存在があげられる。
　日本では，国が頼りにならないだけに，多くの民間人が日本語ボランティアとして外国由来の人たちに日本語を教えてきた。そういった多文化共生の「草の根」運動の定着度，期間の長さは日本が世界に誇ってよいものである。韓国でも以前から宗教系，労働系などのいくつかの組織と，意識が高い一部の地方行政組織が外国由来の人の支援を熱心に行っていたが，関わる人数の少なさ，ソウル一極集中などの点で，日本の民間ボランティア活動よりスケールが小さいものだった。その後，国の体制が整備され，仕事として多文化共生にかかわる人が増え，予算規模，施設などの点では日本を凌駕したが，「心に根づいた多文化共生活動」という点では日本に一日の長があるといえる。
　しかし，そのような状況があるとはいえ，優秀な韓国の学生が真剣に「韓国語教師」になることを考えるなど，「基本法」制定により，韓国の多文化共生施策が国レベルで整備されたことによるメリットは，やはり非常に大きい。この点に関しては，うらやましさを感じずにはいられない。

回答5 ◀◀ **質問5** 日本語教室って何？日本語ボランティアってどんな人たち？

草の根レベルでの民間外国人支援，日本語ボランティア養成の効果

　　　拓夢の母「離れてて知らないまんま避けてるって，もったいないと思うんだよね。それなら日本語をブラジルとかいろんな国の人に教えて，少し近くなって，いろいろ話が聞けたらトラブルも減るじゃない？料理とかもつくってもらえるかもしれないし。
　　　　私，（午後）3時あがりの日があるから，その日に日本語ボランティアできたらなーって考えてたんよ。

日本語ボランティアは外国語ができなくたっていいんだって。日本
　語で日本語を教えるんだって」

　外国人集住地域に住んでいる拓夢の家族は，そうではない地域に住んでいる友多の家族よりも深く，実際に多文化共生にかかわっている。その家族の柱であるお母さんが，現状を座視するのではなく，改善のために自ら動き出そうとしているのが上記の状況である。

1　地域の日本語教室
（1）　地域の日本語教室とは
　回答4で少し述べたが，日本の多文化共生の主役は国ではなく，民間のボランティアの人たちと地方行政組織（以下，行政）といってよい。その民間ボランティアの活動のなかでとくに歴史が長く，かかわる人の数も多いのが「日本語ボランティア」である。そしてその日本語ボランティアたちが活動している場所を「地域の日本語教室」という。

　新たに開始，または消滅など変化が多い地域もあり，日本語教室の全国での総数は定かではないが，外国人集住地域である愛知県だけで120ぐらいとされている。松本市では現在10の教室が活動しており，そのうちいくつかは20年近い歴史がある。20年前というと1993年だが，この年より少し前の1980年代後半から，日本では急速に外国由来の住民が増えはじめていた。

（2）　前向きな考えの人の受け皿
　拓夢のお母さんが，日本語を教えることで自ら近くに住む外国由来の人に近づいていこうと考えたように，地域の日本語教室は「外国由来の人と親しくなりたいため，彼らを助けるために何かしてみたい」という前向きな考えの人たちの大事な受け皿になっている。

　通常，市役所などの行政に「外国由来の人のことで何か支援してくれ」といきなり頼んでもそれを動かすのは困難である。また，地域の小中学校にいる外国由来の子どもの苦境を自分がなんとかしたいと思っても，学校がすぐに外部

の人を受け入れてくれるとは思えない。また，自分の日本語を教える技術や外国語能力にも自信がない。でも「気持ち」だけは十分にある。そのような前向きな人たちが最も気軽にノックできるドア，多文化共生の世界への入り口が「地域の日本語教室」なのである。

（3）　地域の日本語教室の種類

　地域の日本語教室と一言でいっても，活動内容・時間などは多種多様である。松本市にある10の日本語教室だけを取ってみても，以下に示すようにさまざまである。

・外国由来の人からお金を少し取るところ，まったく取らないところ
・年齢問わず，誰でも外国由来の人なら受け入れているところ
・子どもを主対象にしているところ
・日本語教材を使って「生活日本語」の習得をめざしているところ
・「学習日本語」や漢字の習得，さらに算数などの教科の指導補助も行っているところ
・平日夜に週1回実施しているところ
・週2回実施しているところ
・託児所を設けているところ
・日曜午前など週末に活動しているところ
・日本語ボランティアにわずかながら謝金が出ているところ，出ていないところ
・交通費が出るところ，出ないところ

　それぞれの教室が「設立の趣旨」をもって始まり，途中でその趣旨が社会の状況変化に応じて変わることもあり，既存の教室が外国由来の人のニーズをくみとれていないのを見て新たに始めることもある。

（4）　地域の日本語教室の運営方法

　地域の日本語教室は，会社などの組織のように「上司」がいて「部下」に「指示」「命令」し，チームでコトが進むという仕組みではない。文字どおり「ボランティア＝自発」的な行為であり，代表がいることが多いが，代表はほかのボランティアの「上司」ではない。一人ひとりがなんらかの「気持ち」をもって「自発」的に集まっている以上，そして活動をやめたところで会社のよ

うに「収入がなくなる」「つぶれる」などのデメリットは何もない以上，すべてが「話し合い」によって決まっていき，場合によっては「話し合い」がずっと平行線をたどって決着できなくなることもある。その結果，感情的なしこりが大きくなり，結果として「ケンカ別れ」になることも珍しくはない。

　ただ「20年」も続いている教室があるということは，その教室が外国由来の人に評価されているため学習者が減らず，ボランティアもそこでの活動になんらかの「メリット」を感じながら続けているということである。それには代表，またはコーディネーターといわれる人の存在が大きく，その人の熱意，戦略性，人間性などが地域の日本語教室運営にマッチしている場合が多い。そして，その代表が年齢的な問題などでほかの人に交代した場合，大きな変化が生じることもある。

2　行政との連携

　また，行政と地域の日本語教室との連携も見逃せない。たとえば，新しく引っ越してきた外国由来の人が松本市役所に転入の手続きに行くとする。その場合，市役所の担当課である市民課の職員は「こちらが多言語ガイドブックです」と冊子を外国由来の人に渡してくれる。そのガイドブックには，松本市内の日本語教室の情報など在住の外国由来の人にとって有用な情報が載っている。つまり，市役所という行政が外国由来の人に日本語教室の情報提供をしてくれているわけだ。

　また教室の施設に関しても，地域の日本語教室は行政からサポートを受けていることが多い。さらに松本市を例にあげると，以前から公民館運動が盛んであり，地域の日本語教室の活動は公民館のめざす「生涯学習の活動」であると評価されているため，ほとんどの教室が公民館の部屋を無償で借りて実施している。もしこの教室の賃料が発生した場合，活動が継続できなくなる地域の日本語教室は相当数にのぼる。全国の地域の日本語教室を見ても，行政から施設面などの優遇を受けて実施しているところが非常に多い。加えて，なかには行政からの教材購入費補助などを受けている教室もあり，行政と地域の日本語教

室との連携は深いものである。

3 外国由来の学習者の減少とコミュニティ

（1） 2008年以降の大きな変化

　ところが，2008年のリーマン・ショックによる外国由来の労働者の大量解雇とそれにともなう大量帰国，また2011年の東日本大震災の被害と放射能への恐怖という2つの巨大な出来事のため，日系南米人をはじめ外国由来の人は減少しつつある。それにブラジル国内での景気回復という事象も重なり，日系南米人の集住地域といわれてきた町は，大きく状況が変化している。

　その影響は「地域の日本語教室」にも及び，ボランティアは来ているが外国由来の学習者は来ず，「開店休業」状態になっている教室があることも事実である。しかし，そのような「仲間」の帰国が相つぐ状況でも「日本に残る」ことを決断した外国由来の人の「定住への意志」はそれだけに固いといってよい。そして，彼らの日本語能力が「もはや日本語学習の必要はなし」という上級レベルに達している可能性はあまり高くない。そうである以上，民間の日本語学校に通うなど，日本語教育に多大なお金と時間を費やすことができない外国由来の人のために，地域の日本語教室が果たす役割は今後も小さくなることはないだろう。

（2） 地域の人との心のつながりを求めて

　また，地域の人と外国由来の人が心のつながりをもてる場としても，地域の日本語教室は重要な役割を果たしている。外国由来の人のうち，日本人との関係構築にまったく興味がなく「金さえ稼げればいい」という人は多くない。とくに上述したような2つのマイナス状況を経ても住みつづけている人にそのような人はわずかで，周辺の日本人と良好な関係をつくりたいという希望をもっていることが多い。

　しかし，日本語能力が不十分で日本事情にも疎く，周囲の日本人にすでに避けられていると感じている外国由来の人が，自らその状況を打開する方法は多くない。その方法の1つが「地域の日本語教室への参加」なのである。たとえ

ば，3年間学習を続けても一向に上達が見られない外国由来の学習者が，嬉々として教室に通いつづけているケースがある。または，教室には通わなくなったが，教室で知り合った日本語ボランティアに料理をつくって届けるなどのかたちで継続して関係をもち続けている外国由来の人もいる。それらは，周辺の日本人との心のつながりを求める気持ちの表れであり，地域の日本語教室は心のつながりをつくる貴重な場となっている。

　（3）　コミュニティ形成の一助

　さらに，同じ境遇の外国由来の友人をつくる場としても地域の日本語教室は機能している。日本に住みつづけるとしても，自分の母語で深い悩みを打ち明けられ，同じ文化を共有する者としてさまざまな事象について自分と同様に共感してくれる友人がいることは大変大きな喜び，かつ救いになる。そのような友人をつくる場として地域の日本語教室はうってつけである。教室開始前または終了後に母語で話し合い，気が合うとなれば終了後に近くの店で話し込み，さらに相手の知り合いを紹介してもらって仲間を増やす。そのように地域の日本語教室をベースにつくられた外国由来のコミュニティはかなりの数になろう。外国由来の人が日本という国で幸せに暮らしていくうえで，精神的にも物質的にもコミュニティの存在は大きい。とくに外国由来の人の散住地域においては，地域日本語教室がコミュニティ形成に果たす役割は大きい。

　（4）　コミュニティの弊害

　ただし，コミュニティは有用な面もあるが，「多文化共生の阻害要因」になる場合もある。ドイツにおけるトルコ人コミュニティ，ベルギーにおける中東コミュニティなどがその例である。それらは外国由来の人の集住地域で形成され，非常に強力な力をもっている。ドイツにいながらトルコ語しかできない者が仕事を見つけられ，ベルギーにいながら中東の生活様式をそのまま保持し，その国の人とは交流をもとうとしない。そのコミュニティでは，ドイツおよびベルギーの常識やルールは通用せず，ドイツ人やベルギー人が居心地よく過ごすことは困難である。そのようなコミュニティの存在はドイツ社会やベルギー社会の発展に寄与することもなく，昔から住む人たちにとっては「新たな脅

威」である。

　信州大学に留学に来たベルギー人留学生が多文化共生を成功させるポイントについて，以下のようにコメントしていた。

　　「外国人だけで固まって暮らさないで，ベルギー人に交じって暮らしたほうがいい。オランダ語を覚えてベルギー人と一緒に仕事したほうがいい。そうすればベルギーの力になるし，私たちもうれしい。今のままでは，出て行ってもらったほうがいい」

（5）　コミュニティの弊害の未然防止

　日本では日系ブラジル人の集住地域などがあり，それなりのコミュニティ形成が進んだ例も見られるが，欧州でのような「排他的・強力コミュニティ」の存在はそれほど報告されていない。その成立は日本人の外国由来の人受入意識をさらに低下させる要因となるため，むしろ「日本社会と良好な関係を保つコミュニティ」の形成を支援すべきである。地域の日本語教室をベースにしたコミュニティは，「日本人を排除する」傾向のものとはならないだろう。むしろ，良好な関係を保つコミュニティ形成に寄与するといえる。

　行政もコミュニティ形成状況に目を配り，場合によっては積極的に関与したほうがよいだろう。もし「排他的・強力コミュニティ」ができてしまった場合，そのあと大きく翻弄され，時間的・エネルギー的にマイナスになるためである。松本市役所では「キーパーソン・ネットワーク」という名称で外国由来の人のうち日本語能力に長けた人たち，将来のコミュニティの中心人物となりうる人たちの会合をもち，情報提供や研修などのかたちで支援し，市役所の活動に前向きにかかわるようメッセージを送っている。

　数十年後，日本の大学生が上記ベルギー人留学生のようなコメントをするようなら，それは日本の多文化共生が失敗したことを意味する。その状況は防がなければならない。このように，コミュニティは相反する面をもつものである。

4　日本語ボランティア養成講座

（1）　地域の日本語教室の最初のドア

　外国由来の人に日本語を教えた経験がまったくなく，外国語があまりできず，単発ではない継続的なボランティアの経験がない人が，いきなり地域の日本語教室で活動を始めるには勇気がいる。そこで，文部科学省の外局の1つである文化庁や地方行政組織，NPO，地域の日本語教室などが20年以上前から積極的に実施してきているのが「日本語ボランティア養成講座」である。この日本語ボランティア養成講座（以下，養成講座）では，①日本語とはどのような言語か，②外国由来の人をめぐる状況はどんなものか，③地域の日本語教室ではどのように教えるのかなどについて，専門家を呼んで講座形式で学習することが多い。①は，言語学的に見た日本語がどのようなものか，「話す」「聞く」の習得には必ずしも難易度が高い言語ではないこと，日本語を母語とする者が無意識に使っている日本語文法はどうなっているのか，日本語の発音・語彙はどのようなものかなどを指導する。②は，本書で述べてきたような内容である。

　③については，回答2の**3**（8）であげた文化庁の日本語教育小委員会が「生活者としての外国人に対する日本語教育の標準カリキュラム案について」など5点セットといわれる成果物が2013年に完成し，次第に整理されてきている。また文化庁は，地域の日本語教室のコーディネーター，つまり各教室の代表と連携しつつ，その地域全体で戦略的に日本語教育を運営していく者を養成し，そのコーディネーターたちに上記5点セットの使用方法を指導することで全国に広めていこうとしている。これらの体制は，回答2で述べた「国レベルの外国由来の人向け日本語教育プログラム」が始動する際には基盤をなすものだろう。

（2）　日本語ボランティア・スタートのきっかけ

　さらに養成講座では，「受講者にその地域の日本語教室の実施日時と連絡先を提示し，実際のボランティア活動への参加を促す」ことも目的としている。養成講座を受けにくる大部分の人は，「さぁ，どの教室でもいいから，これからすぐに日本語ボランティアを始めよう」とまでは気持ちと意志が強くないこと

が多い。拓夢のお母さんのように「私，（午後）3時あがりの日があるから，その日に日本語ボランティアできたら」のように考えていることが多い。そこで，養成講座で実際の生の情報を提供し「この条件なら，私でも始められるかも。今まで一緒に養成講座を受けてきたこの人たちと一緒に始めようかな」という気持ちを起こさせようとしている。

「地域の日本語教室」と「日本語ボランティア養成講座」の2つは，多くの人にとっての「多文化共生の世界への入り口」として今後も機能しつづけるであろう。

回答6 ◀◀ 質問6 NPOって多文化共生でどんなことをしているんですか。

行政が担当しにくい多文化共生にかかわる業務を行政と協働しつつ運営

CTNの人「ウチのNPOはね，わかりやすくいえば日本語教室をやっているよ。松本市内に2つあって，そこで外国の人に日本語を教えているんだ。

それから，日本語教室のほかに，ウチのNPOは松本市役所から頼まれて仕事をしているよ。受託(じゅたく)っていうんだ。そこにある「松本市多文化共生プラザ」。あれがその1つ。

それから小学校とか中学校に行って，外国の小学生や中学生に日本語や，漢字なんかを教えるような仕事もやっているよ。こんなふうに市役所といろいろ一緒に仕事していることを協働(きょうどう)ともいうね。協力して働くってことだ」

「こいこい松本」で友多が尋ねたNPO法人の中信多文化共生ネットワーク（通称CTN：Chuushin Tabunka-kyousei Networkの略）の人はこのように答えた。CTNは，日本語教室の運営や市役所から頼まれた仕事をしている。日本語教室に関していえば，NPOではなくても運営が可能で，実際には市民団体[49]な

どが日本語教室を運営しているケースのほうが多い。

1 NPO と日本語教室などの市民団体とのちがい

　NPO と市民団体との大きな相違点の 1 つは，県庁など公的機関の認証を受けているかどうかだ。認証を得るためには特定非営利活動促進法[50]，通称「NPO 法」にもとづく多くの法的書類を作成して都道府県に提出して認証を受けなければならない。CTN の認証機関は長野県である。認証を受け，法務局に法人登記をして，ようやく NPO 法人設立となる。また，毎年 1 回，所轄官庁に活動報告を行うことが義務づけられている。そのようにして市民団体より信頼性や公開性を高めた団体が NPO 法人と呼ばれるものだ。そして，そのような公的評価を受けているため，松本市役所からの業務受託のような社会的契約をすることが可能になっている。

　NPO 法人の活動内容は，社会一般の利益に広くかかわる 20 の分野のうちどれかにかかわることが条件である。実際の NPO の活動内容は，介護，まちづくり，女性の社会進出，社会調査，危機管理など非常に多種多様だ。介護分野などでは，数億円の予算を動かし何人も専従の職員を雇用している巨大 NPO も存在する。では，なぜ多文化共生とこの NPO がかかわりがあるのだろうか。

2 NPO と多文化共生

（1）　高い専門性

　多文化共生の活動は，異文化理解，日本語教育，歴史，学校教育，仕事さがし，まちづくり，危機管理など非常に多岐にわたり，しかもそれらが複雑にかかわりあっているものである。これら諸方面での施策立案，問題解決には，高い専門性を要する。例をあげると，在留ビザに関する専門性が低い人が外国由来の人にまちがったアドバイスをしてしまうと，相手は「不法滞在者」になってしまう可能性がある。また，大人への日本語教育のベテランがその方法論をすべて子どもへの日本語教育に適用しようとすれば，ある程度の確率で子どもは日本語学習を放棄する。「日本での研究または就職」というニーズをもとに

強い学習動機をもち，これまでの学習経験を生かしながら日本語教育に取り組む大人と子どもとは大きく異なるためである。結果，ビザの専門家や新しい在留管理制度導入にかかわる変化に詳しい専門家，そして児童生徒への日本語教育の専門家などが必要とされる。

いっぽう行政組織では，原則として「スペシャリスト」養成は考えない。スペシャリストではなく，職員を3〜5年程度である課からほかの課へと移動させ，幅広く行政全体を把握する「ジェネラリスト」を養成しようとする。この点で，行政は多文化共生の実務を担当することになじまない場合が多い。

NPOの構成員はさまざまであり，高い専門性をもったスペシャリストがいる場合も少なくない。多文化共生のすべての方面にわたる専門家を要しているNPOは少数だが，行政としては，必要とされる方面に強いNPOと協働して業務を進めていけばよいのである。

（2） 非常に公的な活動

また，これまでの5つの質問への回答を読んできた人には理解できると思うが，多文化共生の活動は，一個人の利益になる小さな活動ではない。また，会社のような大きな利益を継続して追求する活動とも異なる。それは，外国由来の人を受け入れることによって，日本の，そして松本のような各地域の「いいこと」を増やす，そして「日本全体を元気にしよう」という活動である。

「そんな公的な活動なら行政が主体になればいいじゃないか」という声もあるだろう。しかし，非常に多方面にわたる多文化共生の業務を，課ごとに業務内容が細分化されている行政組織が中心になって行うことはむずかしい。「この課題はウチの課が深くかかわるが，そっちの課題はウチでは何もできない」といった状況が発生する。そこで，縦割りになっている行政の各課を横断して多文化共生面での実をあげていく外部の組織の存在が有用となってくる。それがNPOなのである。

3 行政との「協働」

行政の手が届かない，または行政の仕事としてそぐわない仕事はNPOと

「協働」，つまり協力して働いて解決していく。今，非常に多くの分野でこの「協働」が注目されている。そして，これからのまちづくりの担い手は，行政だけではなく，行政とうまく協働しながら仕事を展開していけるNPOでもあるとされている。まちづくりのうち，とくに多文化共生面においてその傾向は顕著である。この件については次の第3章で詳しく述べる。

第3章　松本市における NPO と行政との協働

回答7 ◀◀ **質問7** どうやって CTN と（松本）市役所との協働はできてきたんだろう？
人との出会い，行政からの提案・働きかけ，関係者との話し合い，信頼関係

　この章では，友多の質問7について，これまでに何度か述べてきた松本市の NPO 法人　中信多文化共生ネットワーク（CTN）と松本市役所の協働関係が具体的にどのように進展してきたのかについて述べる。そして現在，その協働はどのような多文化共生の施策として実現されているか，詳しくみていくことにする。

　この内容が，今後多文化共生の施策を進めようと努力している全国各地の行政関係者，およびその地域で多文化共生面の活動をしている人や団体にとって，なんらかの「今後の活動へのヒント」になれば幸いである（CTN サイト　http://ctn.iinaa.net/）。

1　CTN 発足前の松本市の多文化共生の状況
（1）　長野県の日系南米人

　長野県は，TOYOTA，富士重工など大手メーカーの労働現場の多い愛知県・群馬県・静岡県・三重県ほどではないが，外国由来の人，とくに日系南米人が比較的多く住んでいる地域である。リーマンショックによる日系南米人の大量帰国前は，人口比率での日系ブラジル人の割合は常に全国5位以内であった。理由としては，長野県内には大手メーカーは少ないものの，冷涼・低湿・きれいな空気という環境的要因などから EPSON を始めとする精密機器メー

カーなどの工場が多いこと，戦前または敗戦直後に長野県から南米に移民した人が多かったため，長野県に由来をもつ日系南米人が「帰郷」したケースが多かったことがあげられる。

（2） 多文化共生の先進地域，上田市および飯田市

その長野県のなかで，多文化共生施策に早くから前向きに取り組んでいたのは上田市と飯田市だった。両市とも南米日系人を中心に外国由来の住民が多く，早くからその対応を求められた結果として施策が進んだ。とくに，2006年に総務省が発表した「地域における多文化共生推進プラン」にもとづき，県内他地域に先がけて2007年に上田市が「上田市多文化共生のまちづくり推進計画」を，飯田市が「飯田市多文化共生社会推進基本計画」を策定し，それをもとに大きな進展を見せた。また，2001年に始まった「外国人集住都市会議[51]」に長野県から正式参加しているのもこの2市だけである。

（3） 2007年当時の松本市の状況

それに対し，当時の松本市の状況はどのようなものだったのだろうか。2007年時点では，登録している外国籍の人の数は長野県No.1の上田市に次いで2位の4493人，安曇野市や塩尻市など周辺市町村を合わせた区分である松本広域では長野県でNo.1の外国籍住民数だった。2013年現在では，松本市単独でも県下No.1の外国籍住民を有している。

そのように，以前から多くの外国由来の人が住んでいたにもかかわらず，松本市の多文化共生施策は上田市などと比較して遅れていた。「上田市多文化共生のまちづくり推進計画」のような多文化共生に関するプラン作成の動きはなく，外国人集住都市会議の情報などもあまり入らず，外国由来の子どもへの支援も不十分だった。2007年当時，長野県内全体の多文化共生施策を俯瞰する立場の長野県庁の関係者が「松本は，どういうわけか多文化共生が進まないんだよねぇ」と述べていたこともある。松本市では公民館活動が盛んなため，各地域の公民館と地域の日本語教室との連携は良好だったが，多文化共生施策に熱心な他市に比べ，「際だった動きなし」という状況が続いていた。

（4） 現在の松本市の多文化共生施策進展に対する驚き

2014年現在，全国各地で多文化共生の活動をしている関係者が東京などに集まって行う研究会やシンポジウムなどで，松本市からの参加者はよく「一体，松本では，どうやってこんなに急に話を進められたのか＝多文化共生面での施策をどのようにして急速に進めたのか」というような質問を受ける。

全国で何年も，場合によっては20年以上も活動してきた多文化共生のベテラン活動家は，自分たちの町の行政が多文化共生に真剣に取り組み，自分たちと協働することのむずかしさをよく知っている。また，行政を絡めないと多文化共生の諸問題の解決は遠いことも痛感している。それだけに彼らからみると，ここ3,4年の松本市における行政とNPOとの協働，それによる多文化共生施策の進展は驚きに値するもののようだ。

では，これから，松本市とCTNの協働の推移とそれによる施策の進展をじっくり追ってみることにする。

2 信州大学国際交流センターから松本市中央公民館への働きかけ

（1） 信州大学留学生センターから国際交流センターへ

話は，2006年の信州大学に始まる。この年，信州大学留学生センターが改組され，新たに国際交流センターという組織が設立された。信州大学国際交流センターは，教員数こそ以前の留学生センターより少なくなったが，センター長に信州大学の国際交流担当理事を迎え，業務内容と責任と重要性を増してより強力な組織となっていた。

この国際交流センターの教員会議において，筆者は，「松本市中央公民館と信州大学国際交流センターがタイアップして，日本語ボランティア養成講座を開始しましょう」と提言した。名称は「地域在住外国人ボランティア支援講座」というものだった。この講座では「一方的な講義ではなく，講師と外国由来の人にかかわる市民活動をしている人たちとがじっくり話し合いながらネットワークを形成し，在住外国人支援の質を高めていく」という内容を考えていた。

■で述べたように，なかなか進展しない松本市の多文化共生の状況を見るにつ

け，「とにかくこちら（信州大学）からアクションを起こすことで，松本市内になんらかの動きが生じれば」と考えて提言した。

（2） 中信日本語ネットワーク（CNN）の失敗

この提言の1年前，2005年6月にも筆者は1つのアクションを起こしている。それは「中信日本語ネットワーク（CNN）」という組織をつくることだった。CNNは，日本語教室で教えている日本語ボランティアと信州大学などに勤務しているベテランの日本語教師が連携し，メーリングリストの形態で具体的な日本語指導などにかかわる相談を受け付けるネットワークだった。主に中信[52]で活動する43名が参加し，一時は活発に相談とそれに対する回答がメールを通じてなされ，問題解決に向けての意見提出なども見られた。参加者には長い指導経験と勤務実績をもつ日本語教師が多数存在していた。

しかし，2005年末にはこのメーリングリストの使用件数は目に見えて減っていった。そして，2006年5月の連休直前からCNNの参加者に大量のウイルスメールが送りつけられるようになり，CNNのメーリングリスト・アドレスを削除することになった。こうして活動開始から1年足らずでCNNは消滅した。このような失敗と挫折は，市民活動によく見られるものと考えている。

（3） 承認と松本市中央公民館への働きかけ

信州大学国際交流センター長は，**2**（1）の提言に対し，国際交流センターが松本市中央公民館（以下，中央公民館）に働きかけることを承認した。

承認を得たあとに筆者は中央公民館に連絡し，2006年6月に中央公民館職員2名に信州大学を訪問してもらって打合せをもった。そのときに来た2名が，松本市役所という行政との最初の「協働相手」となった。もし，この「協働相手」が，多文化共生に関する意識が低くモチベーションも低い職員であれば，その後の松本市の多文化共生施策は大きく変わったともいえる。それほど非常に重要な「出会い」だった。とくに，2人のうちAは，その後もCTNの活動に非常に深くかかわった人で「CTN生みの親の1人」といっていい。

この2006年6月の打合せでは，筆者が松本市の多文化共生が進展しない現状を述べ，それに対して信州大学国際交流センターとしてできることを提言し，

そのために中央公民館に協働相手になってもらいたいという希望を伝えた。それに対しAたちは，この話を中央公民館にもち帰って内部で検討してから返事すると回答した。その打合せの間，Aはあまり話さずに話を聞いていた。「この人はどれくらい本気なのか」とこちらの本気度を測っていたのかもしれない。幸い，そのテストの結果は悪いものではなかったらしく，一月ほどのちにAから「松本市中央公民館と信州大学国際交流センターの共催による地域在住外国人ボランティア支援講座開催の提案について」という回答を得た。

3　松本市中央公民館の回答と提案

　その回答は期待どおりのものではなく，最初は拍子抜けがした。信州大学国際交流センターからの提言を受けて，すぐに中央公民館が動くものではなかったからである。しかし，じっくりその回答を読んでみると，深い内容が込められたものであった。

　その回答では，まず「公民館の役割」を定義し，「在住外国人の課題」について正確な状況を述べ，「解決のための支援」について「（さまざまな支援について）これらは個々バラバラに行われるのでなく，総合的な視野のなかで連携して行われることが望ましい」とされていた。さらに「公民館としての関わり」では，外国由来の人の支援のために松本市民と中央公民館が協働していくこの活動が「公民館の目的に合致し，公民館が積極的に関わっていく必要のある取り組みである」と強い調子で書かれていた。そして「取り組みを始めるにあたり」では，以下のとおり示されていた。

> ①ボランティア支援講座をつくりあげていく有志企画グループをつくり，それぞれが持つ情報を提供しあい，また必要に応じて企画メンバーの学習会や，直接在住外国人から話を聴取するといった取り組みをとおして，現実にどのような在住外国人がどのような生活上の困難があるのかを企画メンバー全員がしっかり把握していく
> ②そういった課題に対し，現在地域でどんな支援がされており，どんな支援が足りないのか？また，支援する側はどのような課題を持っているのかを把握し，そのような現状を踏まえ，企画グループが，支援者に対してどのようなサポート

をしていけるのか話し合う中から，具体的な取り組みを検討していく
　③「在住外国人を支援する活動をサポートしていく講座企画グループの総合的な取り組みのなかでの事業」という位置付けで実施していき，その結果をフィードバックし，また新たな企画グループの取り組みに活かしていく

4　松本市中央公民館からの提案の受諾と協働開始

（1）　提案の受諾（2006年8月）

　中央公民館側から提案された**3**の取組方針に共感した筆者は，国際交流センター長に報告したうえで2006年8月に再度信州大学でAたちと打合せをもった。そして上記の支援方針および取組方針に賛同することを伝え，企画グループのメンバー探しなどの協働作業を開始することにした。

（2）　企画会議のための下地づくりと活動の理念

　とはいえ，この2006年8月から事態が急速に進展したわけではない。Aも筆者もそれぞれが松本市の状況を探りつつ，今後の仲間となりそうな人を探し，少しずつ「話し合い」の下地をかたちづくっていった。2006年当時，長野県庁・国際課や松本市役所・広報国際課が中心になって実施した国際交流や多文化共生に関する会合がいくつかあり，それらの会合に参加しながら今後の戦略を練っていった。2006年10月に松本市役所・広報国際課主催の会合「これからの国際交流を考える」を主導した市役所職員のBとも，この会合を通じて関係を深めた。

　また10月には，中央公民館から以下のとおり今後の活動の「理念」が提示された。この「理念」は，7年が経過した現在もその重要性が変わっていない。

○　外国人の悩みの解決と地域の悩みの解決に向け，学習をしながら具体的な取り組みへとつなげることを目的とします。
○　支援する側とされる側，といった関係を越えた"人間対人間"の対等な関係の中で，互いを理解し支え合う関係づくりに重点を置きます。

（3）　企画会議のメンバー探し

　メンバーには，長年多文化共生や国際交流の活動にかかわってきた人，解決

案の提出などそれなりに負担が重い活動を責任をもって継続できる人，じっくり人の話を聞いて対案を考えられる人たちを選んだ。また，多文化共生面の活動経験はあまりないものの，本業を通じて松本市役所との太いパイプがあり，おおらかで人に好かれる性格のCにもメンバーに入ってもらうことにした。

5 松本市中央公民館主催の「企画会議」の開始

（1） 企画会議の開始（2007年3月）

このようにして「話し合い」の下地づくり，メンバー決定をしたあと，2007年3月29日に松本市あがたの森公民館において，「学びをとおした多文化共生社会づくり」事業の第1回企画会議が中央公民館主催で開催された。この会に出席した企画会議メンバーは6名だった。また，事務局として中央公民館のAを含む2名，オブザーバーとして市役所広報国際課のBが参加した。最初に中央公民館Aから，この企画会議の趣旨説明があった。そしてメンバーの自己紹介のあと，それぞれが多文化共生面で感じている課題を述べ，課題解決のための話し合いをした。さらに，今後の企画会議の行動指針についても話し合った。

（2） 企画会議の進め方

この企画会議では，毎回，次の会議までに自分の意見をまとめて文書で提出という宿題をメンバーに課し，会議はメンバーの提出文書をもとに話し合いが進められるというかたちを取った。話し合いのテーマとしては，「外国由来の児童生徒への支援」「一般市民の外国由来の人への意識を変えるための活動」「日本人も外国由来の人も集まる拠点づくり」などが頻繁に取り上げられた。それぞれのメンバーが自分が行ってきた活動などをベースに資料を作成し，企画会議では資料をもとにじっくり説明して話し合うという進め方だった。

当時の資料を見ると，松本市よりも多文化共生において先進地域であった上田市の「上田市外国籍市民支援会議」のような市民モデルをめざすといった記載がある。当時としては，「上田市は，私たち松本市が追いつけるかわからない，はるか上の存在」という印象だった。

本書でも使用している「外国由来の人」という用語を使用していくという決定は，この企画会議の段階でなされた。「外国籍」「在住外国人」などの用語がもつ問題点をもとに，どのような用語なら現状を正確に説明しているかを真剣に検討した結果，生まれた用語である。
　なお，企画会議メンバーは，途中からメンバーの推薦を受けて新たに参加する人や，方向性のちがいから会議を離れた人などさまざまであった。

（3）　メンバー同士の意見の共有

　そのようにして3回，4回と企画会議を続けるうちに，上述した「外国由来の児童生徒への支援」「日本人も外国由来の人も集まる拠点づくり」などの主要なテーマについて，メンバーの意見が非常に近いことがわかってきた。各メンバーはそれまで単独，または異なる組織で多文化共生の問題にかかわってきており，この会議までほとんど接点がない人が多かった。そのメンバーが，これら重要な問題について同じ問題意識，解決の方向性を共有していたのである。
　これは，非常に勇気づけられる事実だった。それほど長い知り合いではなく，まだ親近感や信頼を強くは感じないほかのメンバーが，自分と同じことを考え悩んでいるということである。それは，CTNがその後7年間継続して質の高い活動を続けている原動力になっていると思われる。上記のテーマのうち「拠点づくり」に関しては，Mウィング2階にある「ふれあい国際情報センター」が機能していないため，企画会議としてその改善策を検討し，担当課に提案するなどの活動も行った。

6　市民団体「中信多文化共生ネットワーク〈CTN〉」の設立

（1）　企画会議から市民団体へ

　2007年9月の5回目の企画会議のころになると，次の活動に進むべき段階に差しかかってきた。
　中央公民館としては，有為の人材を集め，問題点について話し合って行動指針を決めるまではサポートするが，その後の実際の事業開始については，「メンバーが関係団体と連携して独自に進めるように」というスタンスであった。

つまり事業開始後も，中央公民館が事務局やコーディネート業務を担当することはないということである。

松本市役所・広報国際課の関係者もオブザーバーとして時折この企画会議に参加していたが，広報国際課も現状のままでは市役所としての協働はむずかしいというスタンスであった。要は，「企画会議」が市民全体に開かれた市民を代表する組織でない以上，市役所がその意見を聞いて動くことはできないということである。

いっぽう，メンバーのなかには市民団体を設立しようと主張する人もいた。「市民が中心になった組織をつくらなければならない。現状のように中央公民館主催の勉強会をしているだけじゃ何も動かない」という意見である。

筋として，広報国際課もいうようにその通りだった。国際交流や多文化共生などの分野で長年活動をしてきた能力があり意識も高い人の集まりだとはいえ，この企画会議は中央公民館の肝いりのもとで運営されている話し合いという位置づけにすぎず，その企画会議からの提案で松本市役所のような行政が動くということはできない相談だった。

（2） 市民団体設立に対する危惧

しかし当時は，筆者を含め複数のメンバーが「本当に私たちが市民団体として活動していけるのか？」という危惧をもっていた。

重要な課題に関する意見を共有し，4回，5回と企画会議で顔を合わせることで，ある程度のメンバー間の信頼関係はできていた。そうはいっても，各メンバーが**2**（2）のCNNの失敗など多くの市民活動の失敗例を見てきており，個人的に痛い目にあった者もおり，さらに中央公民館が事務局を担当しないことで，今後は事務作業の負担が生じることも目に見えていた。加えて，本業をもつために時間を都合して企画会議に参加してきたメンバーが多いなか，市民団体設立となればさらに時間的に厳しくなるのは目に見えている。より大きな危惧として，「外国由来の人たちとともにつくる松本での多文化共生社会の実現」という巨大で困難な課題を，本当に私たちメンバーがかかえ込んで実現させていけるのかという不安があった。2007年9月ごろは，これらの危惧につ

いて考えながら逡巡していた。

　（3）　状況を打開してくれた2人

　しかし，その状況を打開してくれた人物が2人いる。まずは，前出の松本市役所・広報国際課のBである。2007年秋に開かれた「日本語を母語としない子と親のための進学ガイダンス」のなかで「早く組織をつくって市民全部がその組織にかかわっているというかたちにしてくださいよ。そうじゃないと市役所としても動けないんですよ」と訴えてきたのである。実際，中央公民館2階の「ふれあい国際情報センター」改善の提案も話が進まなかった。それまで筆者は，「松本市役所は企画会議の活動を冷やかに見ているだけじゃないのか」と疑問視しており，事実そういう職員もいたのだが，なかにはBのような「松本市の多文化共生施策が進展しないことへの危機意識」をもっている人がいることを知った。

　もう1名は，松本市教育委員会の指導主事をしていたDである。Dも第2章で述べた外国由来の児童生徒の問題の深刻さを知り，私たちの強力なサポーターとなってくれていた。そしてBから上記の話を聞いた同じ進学ガイダンス会場で，このDからも「ぜひ市民団体をつくってください」という依頼を受けた。松本市教育委員会（以下，市教委）で活動する者として，現状への強い閉そく感を感じていたものと思われる。そして，その打開には「行政以外の市民を代表する第三者の存在」が有効だと考えたのだろう。

　（4）　市民団体設立の決断

　2人の立場の異なる行政側の人に「市民団体をつくってほしい」と頼まれることは，通常の市民団体設立の際にはないことである。通常，同好の士が集まってつくるのが市民団体であり，つくってから行政に登録申請をするという流れだ。それが設立前に行政側の人に「つくってほしい」と頼まれるのは，かなり異例である。

　ただ，踏ん切りをつけさせてくれたのはこの「変わったかたち」だった。このような状況なら，市民団体設立後も行政との協働をスムーズに進められるかもしれないと考えたのである。それに加え，企画会議という組織も行政である

中央公民館の支援があってスタートしたものである。この点ですでに深い「行政と市民との協働」がなされている。

何度も述べてきているように，多文化共生の活動は非常に広範囲にわたるものであり，一市民団体が熱意だけで問題を解決しようと活動を開始しても，行きづまるか燃え尽きてしまうことが多い。しかし，行政との協働が計算できるのであれば，話は大きく異なる。ことと次第によっては，松本市の状況を改善できるかもしれない。そこで「ここで動かなければ，松本市はまた10年の停滞に陥る」と考え，「市民団体設立」に向けて一歩踏み出すことにした。

筆者がこの決断をするころには，迷っていたほかの企画会議メンバーも市民団体設立が妥当という意見になっていたのだと思う。企画会議が市民団体設立の準備会議に変わることへの異論は何も出なかった。ただし中央公民館のAは，この方向性を見てその後のコーディネート業務は担当しなくなった。当初予定した流れで進んでおり，これ以降は市民が自主的に進めていくべきと判断したのだろう。

（5）市民団体の代表決定と運営委員

代表については，信州大学の教授でさまざまな社会問題に積極的にかかわっている人に依頼した。専門性があり，市役所に知己が多く，リーダーシップがある人なので適任だと考えたためである。しかし，あっさりと断られ，逆にもちかけられたのが「佐藤さんがやったら？　これまで行政とも話しながら設立の機運を盛り上げてきたようだし，ここまで来たならトップやったらいいよ」というものだった。

そこで「そうだな，この団体もすぐにポシャるかもしれないし，最初の何年かはやってみるか」という気楽な気持ちで代表に立候補することにした。準備会議で筆者の代表立候補の意志を聞いたメンバーは「賛成」と言ってくれる人が多く，すんなり代表に決まってしまった。

前身の企画会議で，最後まで残っていたメンバーは7人であった。地域の日本語教室や国際交流の活動と並行して，小学校にいる外国由来の児童の支援を始めていたE，外国由来の人へのインタビューなどの調査をしつつ多文化共生

の研究および市民活動をしてきたF，留学生などとの国際交流を長年積極的に行い，市役所関係者やほかの市民団体にも顔が広い前出のC，外国由来の人への健康診断に深くかかわり，本業でも外国由来の人とかかわってきたG，長い海外生活経験をもち，さまざまな立場の生徒が集う高等学校の教師として多文化共生にかかわってきたH，松本市で最初の日本語教室を立ち上げ，その後も立場の弱い外国由来の女性の支援活動をしてきたI，それに筆者を加えた7人である。このメンバーでこれから立ち上げる市民活動をどのようなものにしていくか，真剣に話し合った。職場も，活動に割く時間帯も異なる人が短期間で集中して事を決めるのは骨が折れる仕事だったが，できるだけ顔を合わせて話し合い，それができない場合はメールや電話でやりとりをしつつ方針を固めていった。このようにして決められたのは，①名称：中信多文化共生ネットワーク〈CTN〉，②規約，③2008年度事業方針，④運営委員，⑤設立までの行程表，などだった。

　名称に関しては意見が分かれ，なかなか決めることができなかった。名前を聞いてほかの人が活動内容を推測しやすいこと，既存の大きな団体と同じ名前では問題があること，覚えやすい略称がつけられることなどを考えつつ，「中信多文化共生ネットワーク〈CTN〉」と決定した。「活動内容を推測しやすい」に関してはやや問題があると考えたが，諸事情を考慮してこの名称になった。

（6）　松本市役所からの規約などに関する修正要求

　2007年12月に市役所のBにこれらの方針を提示したところ，②規約，⑤設立までの行程表に関して大きな修正を求められた。つまり，市役所の協働相手として設立するのであれば，市役所が納得できる体制を整えてほしいということである。

　この修正要求に対し，正直，反発する気持ちが生じた。これまで市民が中心になって検討し決定した市民団体の規約や行程表のような重要な方針に対し，どうして行政側が修正要求を出すのかという疑問と反発である。また，その反発を強く述べる人が運営委員内にもいた。

　しかし最終的には，全面的に要求を受け入れて修正した。修正要求内容が厳

しいとはいえ，協働のパートナー候補である行政側が求めている内容であり，行政との協働による松本市の多文化共生施策の進展を考えて市民団体を設立する以上，この修正要求は避けて通れないと考えたためである。そこで規約に大幅に手をいれ，行程表に当初はなかった「一般市民への会設立の説明会」を1月半ばに実施することにした。この説明会には20名弱の多文化共生に関心がある市民が参加し，新しく発足する市民団体への希望・注文などを述べてくれた。

このようにして市民全体の意見を集約し，市民の誰もが入会できる体制づくりと十分な広報を行ったうえで，2008年3月23日の「中信多文化共生ネットワーク〈CTN〉」設立総会を迎えることになった。

（7） 行政との協働への重要なステップ

今になって考えてみると，設立前に行政の人に規約や設立手順などについて意見をもらうことができ，それに真摯に対応できたことは幸運だった。市民団体設立では，通常このような行政からの意見をもらうことなどはできない。たしかに，熱意と想いだけを頼りに勢いで「えいやっ！」と市民団体を立ち上げることは可能であるし，最初の数年はその勢いで有効な活動をしていくこともできるだろう。しかしその体制では，社会を動かすような大きな活動を長期間にわたって実施していくことはむずかしいかもしれない。

私たち「中信多文化共生ネットワーク〈CTN〉」は，行政からの修正要求というハードルを越えたことで，パートナーとしてある程度不足はないと行政側に認知してもらえた可能性がある。その結果として，複数の大きな事業において「委託先」と松本市役所に認可され，実際に松本市の多文化共生の進展に貢献できている現状につながっている。設立前のこのやりとりは非常に重要なステップであり，Bに感謝している。

（8） 中信多文化共生ネットワーク〈CTN〉の規約

規約のうち，第1条（総則）のなかに書かれた「目的」は非常に重要なものであるため，ここに載せる。

> 　この会は，中信地区に住む人達が国籍や文化の違いを超え，お互いに理解しあい，心から交流しあって住みやすい社会を作るための支援事業・ネットワークづくりを目的とする。

　CTN は当初から「社会をつくるため」，つまり「まちづくり」を意識して創設された組織であることがわかる。その「まちづくり」の過程で，身体障がい者，子ども，外国由来の人など立場の強くない人との共生を意識しようということを訴えてきた。この目的は，設立 7 年以上が過ぎた今もまったく変わっていない。CTN も多くの市民団体や NPO 同様，内部のいさかいや次の方針決定の迷いなどに直面してきたが，最後のところでこの設立の目的を共有し，活動を続けてこられた。

（9）　設立総会と 2008 年度事業方針

　2008 年 3 月 23 日の設立総会は，松本市中央公民館にて，外国由来の人の活動にかかわってきた多くの人，行政関係者などに参加してもらって盛大に開かれた。アルゼンチンや中国，ブラジルから 10 年以上前に松本に来て住んできた人に話をしてもらうなどして，参加者に外国由来の人の生の声を聞かせるよう工夫した。設立時の正会員数は 30 名であった。2014 年 2 月時点では 71 名である。設立総会で発表した 2008 年度の事業方針は以下のものである。

　①　小・中学校での外国由来の児童・生徒支援
　②　多文化共生の実態について話し合う場の提供
　③　外国由来の人も日本人も相談できる拠点づくり
　④　メーリング・リスト運営

①②③については運営委員のなかで担当者を決め，各担当者が文書を作成して設立総会で説明した。このうちの①と③は，数年後に大きな事業として花を咲かせることになった。また，④のメーリングリストも機能しつづけている。

7　CTN設立当初の閉塞感

（1）　立ち往生

　2008年4月に入り，CTNとして本格的な活動に入ろうと考えていたが，なかなかそうは問屋が卸さなかった。

　まず中央公民館のAは「市民団体設立，おめでとう」というメッセージをくれたが，次のステップ（市民団体）への橋渡しという中央公民館の仕事は終わったということで，CTNの事業とは少し距離をおいていた。また，広報国際課のBは異動し，多文化共生とは関係のうすい部署に移った。つまり，協働相手と考えていた松本市役所が遠のいてしまったのだ。これでは，設立と同時に立ち往生してしまったような状況で，その打開策を講じる必要が生じてきた。

　とはいえ，教育委員会のDは代わらず，松本市内の小中学校で学習している外国由来の児童生徒へのサポートを依頼してきた。予算的には乏しく，学校内での立場も確保されたものではなかったが，この活動は次につながる貴重なものだった。

（2）　CTNの学習会

　いっぽう，CTNの2008年度事業としてあげた「②多文化共生の実態について話し合う場の提供」は，着実に遂行されていた。これは「CTNの学習会」という名称で年内に6回実施された。その内容は以下のとおりである。

①　アナマリア先生，教育・愛・人生を語る
②　外国由来の子のために学校にボランティアに行こう！
③　外国由来の子の支援の輪を地域に広げよう！
④　外国籍の人の在留資格について入管行政のプロに聞く
⑤　米国の移民児童への教育と日本の取組
⑥　そもそも多文化共生とは何なのか　～人権・在日コリアンの視点から～

　しかし，この学習会の参加者は多いとはいえず，しかもほぼ同じ顔ぶれになっていった。そのこともあり，「学習会」活動は2009年以降，下火になっている。とはいえ，この学習会で松本市教育委員会の委員長に会うことができ，

それを期に松本市教育委員会を訪問して委員長に外国由来の子どもの問題について説明する，さらに教育委員および担当課長が集まる会議で子どもの苦境について話すなどの機会をもつことができた。

（3） 松本市市民協働事業提案制度―参加へのアドバイス―

市役所との協働がなかなか進展しないことに難渋していたCTNに救いのアドバイスをくれたのは，松本市市民活動サポートセンター[53]のJだった。CTN設立の経緯とその後の展開などを知って協力しようと考えてくれたJは，「松本市市民協働事業提案制度」という制度を紹介してきた。この制度は，松本市役所が市民との協働に本格的に取り組むことをめざして制定したもので，市民が市の指定の文書に案件・協働の進め方・時期・市民側の実施体制・予算規模などを記入して提出すると，松本市側は真剣に，かつ前向きにその提案に対応するというものである。

Jの紹介から提出締切までの日数が乏しかったこともあり，ほかのCTN運営委員に諮らずにこの提案書を作成した。案件は，2007年の企画会議の段階から解決策を探っていたMウィング2階「ふれあい国際情報センター」の活用策だった。すでに何回か話し合いがなされ，今後の望まれる方針も固まっていただけに，作成にそれほど労力は要しなかった。締め切りの数日前にJのチェックを受け，最終修正をして「中信多文化プラザ設立事業」として8月初旬に提出した。

しかし，ほかの運営委員にしっかり相談せずにこの制度に申請したことは，問題を引き起こした。「これだけ重要な案件について，代表がほかの運営委員にしっかりした相談も案の提示もなく，勝手に提出するとはどういうことだ」ということである。以前からメンバー同士の本当の意味での信頼関係が醸成されていなかったこともあり，2008年8月の運営委員会でこの件をめぐってメンバーの一人と筆者が激しい言葉のやり取りを交わした。今思えば，このときがCTN最大の危機であった。しかも発足して数カ月でのトラブルである。

実は，市内で「CTNなんて組織は長続きするわけない」という陰口が叩かれていることが耳に入ってきていた。個々のメンバーが個性的で熱く，それぞれ

異なる活動を長年やってきており，その人たちが寄せ集まったところでグループとして統一して行動することはできないだろうという予測である。危うく，その予測が当たるところだった。

ただ，このときあるメンバーが「この言い合いが続くようなら，私は完全にCTNから手を引く。それで，せいせいする。でもこの言い合いが納まるようなら，大変だけどもう少しCTNを続けていこうかな」というこの人一流の話術をひろうしてくれた。それで少し落ち着いたところで，筆者のほうから謝罪して収まった。手続き論上，筆者に非があったことはまちがいなかった。そのようにして，なんとかこの危機を乗り越えることができた。

（4） 松本市市民協働事業提案制度のその後

勇み足にも見えたこの松本市協働事業提案制度の利用は，当時はそこまで計算していなかったのだが，結果的に大成功につながった。

まず，松本市役所としては，正式な手順をふまえて提出された同制度による提案には誠意をもって対応しなければならない。そこで9月下旬に，提案者であるCTN関係者と多くの市役所担当課職員が招集されて会議が開かれた。しかし，参加人数は多かったが主担当課には積極的にこの提案に応じる意思はなく，ごくわずかな譲歩が得られただけという結果だった。

その後，とくに打つ手はなく，困った筆者は同じく運営委員をしているCに「CTNは行政との協働の面で行きづまっている」と相談した。それを聞いたCは数日後，「11月7日，空いてる？　その日にKが30分，時間をとってくれることになったんだけど」と連絡してきた。Kは市役所の実力者であり，筆者は会おうなどと考えたこともなかったレベルの人だったが，市役所内にパイプをもつCが話し合いをセットしてくれたのだ。もちろん一も二もなく了承し，緊張しながら話し合いに臨んだ。

話は多方面に及んだが，松本市市民共同事業提案制度について話を始めると，Kは強い関心を示した。松本市役所としては，同制度がありながら有効な実績が上がっていないことに焦りもあったのだと思われる。Kは真剣に話を聞き，「それはいけない」と言うなり考えこんだ。Cも筆者も「こういう状況なの

で，市役所内に多文化共生についてきちんと話ができる部署がほしい」と話したところ，Kは話し合い後に積極的に動いてくれた。

その数カ月後に入ってきた情報は，「多文化共生の担当者が新しく人権・男女共生課[54]につくそうだ」というものだった。書いてしまうと簡単に見えるが，その後何人かの松本市役所関係者に聞いたところ，「人員削減の今の時代，担当が消されることはあっても増えることは珍しい。それも多文化共生に担当がつくなんて，考えられない」という話だった。

いずれにせよ，松本市の多文化共生施策が進展する大きな転換点は，CTNが発足して8カ月ほど経った時期に行われた「この話し合い」にあったと考えている。その後，事態は前向きに，そして急速に展開していった。

8 松本市役所に多文化共生担当係の設置

（1）担当係との出会い

2009年4月に人権・男女共生課の多文化共生係に配属されたLは，すぐに信州大学の筆者の研究室に面談に来た。実直で，派手さはないものの，じっくり話を聞きながら誠実に仕事を進めてくれそうな人というのが第一印象であり，その印象は，その後4年以上の付き合いを経て完全に正しかったことが証明されている。

松本市の多文化共生施策進展の事例は「行政とNPOの協働の成功例」と胸を張っていえるものだが，それも「人」があってのことである。それまでのA，Bなど多くの人との出会いに加え，このLとの出会いもあってこの協働は成功している。

（2）市役所での仕事の進め方

Lの配属以降，CTNとしては，市役所側に明確な窓口ができたということで非常に仕事が進めやすくなった。実はLの配属前には，CTN関係者は松本市役所での仕事の進め方をほとんど理解していなかった。非常に重要な「実施計画＝実計」の決定のおおまかな流れを例をあげると，①6月末ごろに各課内で翌年度の「実計」案の策定および提出，②7，8月にさまざまなレベルの庁

内のヒアリングで各課から提出された案の検討，③9，10月ごろに案の採否の決定，④翌年度以降に実施というようになっている。この流れを無視してさまざまな提案や働きかけをしても，「すでに時期遅し」「効果なし」という事態に陥る場合がある。いわば，無駄になるわけだ。このような市役所内の仕事の流れを熟知しているLが窓口となったことで，CTN関係者がどの時期にどのように動けばいいのかというアドバイスをもらえるようになった。

同時にL自身でも，市役所内のどこをどのように動かせば松本市の多文化共生施策は進展するのかということを，自らの「本業」として真剣に考え，遂行してくれた。その動きが，のちほど詳しく紹介する「松本市多文化共生推進プラン」成立につながっている。

行政側に，多文化共生施策について真剣に検討し，行政内の状況を見極めながら動く担当者が存在すること，さらにその担当者が市民団体やNPOなど行政の外部の人と顔を合わせて真剣に議論し，協働して状況を打開していこうという意志をもっていることは，我々の想像以上に巨大なプラス効果を生み出していった。また，ベテランの担当者であれば，自分の課以外にも多くの知己によるネットワークをもち，ほかの課への多文化共生面での働きかけも行ってくれる。このことは，ますますもって行政外部の人間には困難なことである。

松本では，このような「多文化共生係」という市役所の担当者をもつことで状況好転のきっかけをつかむことができた。

9　松本市子ども日本語支援センターの設立

（1）　外国由来の子どもへの教育

このように松本市役所との協働の下地が築かれつつある状況で，同時に現在でも協働の最大の成果の1つといえる活動の準備が始まっていた。それは，第2章の回答2で述べた「外国由来の子どもへの教育未整備」に関する活動である。

（2）　松本市教育委員会からの提案

多文化共生係Lが配属される前の2009年2月に，前出の松本市教育委員会

のDから非常に重要な提案があった。Dはその年の4月に異動することが決定していたが，その前に大きな置き土産を残していってくれた。

それは国の予算である「ふるさと雇用再生特別事業」および「緊急雇用創設事業交付金」を活用して，外国由来の子どもの支援を組織的に，かつ本格的に始めようというものだった。CTN発足時の2008年度事業方針のトップに「小・中学校での外国由来の児童・生徒支援」があげられていたように，この問題への取り組み開始は，発足前からの悲願ともいえるものだった。また，DはCTN発足時点から松本市内の小・中学校での日本語支援をCTNに依頼してくれており，それはこの事業開始のための実績づくりという意味合いもあったのである。

（3）外国由来の児童生徒支援のための申請案

Dの提案を受けたCTN関係者で数回打合せを行って固めた申請案は，以下のようなものだった。

① ふるさと雇用再生特別事業「外国由来の児童支援室の新設」

 1）初期指導教室の企画・運営
　・初期指導教室：松本市に転入して間もなく，日本語が未習または能力不十分の外国由来の児童生徒を3カ月ほど1カ所に集めて「生活日本語」および「学校事情」を集中指導する。その後，地域の小・中学校に通学させる。
　・現有の松本市の公的施設の一部を利用し，上記の機能をもたせる。
　・状況に応じて，松本市内に複数設置する。
 2）外国由来の児童の就学および進路の相談受付
 3）外国由来の児童の所属予定校の教員および松本市教育委員会との連絡・調整
 4）学校に派遣する日本語支援員およびバイリンガル支援員の連絡・調整
　・日本語支援員：外国由来の児童生徒が1）の初期指導を終えて通学開始する小・中学校を週2回ほど訪問し，主に「学習日本語」を指導する。
　・バイリンガル支援員：外国由来の児童生徒の母語に通じたスタッフ。母

語を使って児童生徒および保護者から正確な情報を引き出し，それを担任教員や日本語支援員など関係者に伝達する．
5）中学校から高等学校への進学ガイダンスおよび不就学の外国由来の児童へのガイダンスの実施
6）学校に派遣する日本語支援員およびバイリンガル支援員の採用および研修
7）支援のための教材開発

②緊急雇用創設事業交付金事業「日本語指導を必要とする外国籍児童生徒の学校教育支援事業」
1）日本語支援員派遣事業（上記①4）を参照）
2）カウンセリング・保護者との交流部会
　・外国由来の児童生徒の母語を用いて，児童や保護者との面談，そしてカウンセリングを行う．さらに児童生徒の母語保持および母語成熟のための指導も行う．
3）指導法研修部会
4）指導法研究・教材研究開発部会

しかし，この申請は不調に終わった．その理由の最も大きなものとしては，申請締切までの時間が非常に短かったこともあり，申請母体である松本市役所・学校教育課との連携が不十分だったことがあげられる．上記の申請内容は，学校教育課[55]との打ち合せによる意見調整を経て作成したものではなく，ほかの児童支援先進地域の実情をもとにCTN内部で作成したものであった．このうち，①1）の「初期指導教室」を学校の外である公的施設におくという点も含め，学校教育課内で異論が多かったと聞いている．松本市教育委員会のDとの打ち合せは行っていたが，全体調整が不十分だった．

（4）初期指導教室設置の重要性

ただし，実現はできなかったが「日本語未習の児童生徒を1カ所に集めて短期間・集中で『生活日本語』を指導し，それをベースに児童生徒の家の近くの小・中学校で『学習日本語』を指導していく」という基本方針は，まちがって

いなかったと現在も考えている。

　学習日本語は、それぞれの児童生徒の年齢、つまり学年によってまったく異なる。その一斉指導は非常に困難か、非効率である。しかし生活日本語、とくに学校で使われる生活日本語はかなりの共通点がある。また、言語の習得には「短期間・集中」が最も効率的であることはよく知られている。さらに、クラスで同レベルの日本語能力の児童生徒がともに学び合い、いい意味で成長を競い合う「クラス効果」も期待できる。そのような点を考えての「初期指導教室」の提案であった。

　ただし、初期指導教室の実現には、外国由来の児童生徒の「通級」、つまりどのように彼らを初期指導教室に通わせるかという問題が付きまとう。教室はわずかしかないため、児童生徒の居住地から遠いケースが多くなる。また本来は通級の責任を負うべき親も、松本市に転入間近で就業も不安定な状態であり、安定して通級を任せられる状況にない。通級をカバーするには、児童生徒の住む地域の年配者に「通級ボランティア」になってもらう、市でスクールバスを運行するなど、新たな方法の模索をしていくことになるだろう。いずれにしても、予算措置があれば実現可能だと考える。

（5）再度、申請のチャンス

　2009年3月の申請は不調に終わったが、2009年6月に、補正予算に向けて再度この件の申請をするチャンスが巡ってきた。3月の失敗から学び、このときは学校教育課、教育委員会指導主事、人権・男女共生課とCTNとで打ち合せをもち、しっかり調整を行った。

　学校教育課から出された意見は「学校外での指導は原則として考えず、拠点校を定めて活動する」「初期指導教室ではなく日本語支援員派遣をベースに考える」というものであった。やや不本意であったが実際に事業を開始することを最大限優先すべきと考え、上記の意見をすべて受け入れて申請案を改めて作成した。前述した3月申請案との大きな相違点は、①初期指導教室を削除、②拠点校として松本市内の田川小学校を提示、③拠点校に通学できない大部分の外国由来の児童生徒のいる学校に日本語支援員を派遣して指導、である。この

案を学校教育課および関係者に検討・修正してもらい，2009年7月に申請した。この申請案は，2009年9月に松本市議会で承認され，同時に同事業のCTNへの委託も承認された。この際に，国の予算である緊急雇用創設事業交付金が3年後に消滅したあとも松本市の予算として同事業を継続するという答弁が行われ，実際に3年後の2012年度からは松本市の予算で事業が継続されている。

以上のようなさまざまな経緯があったが，このようにして松本市での外国由来の児童支援事業が開始された。同時にこの事業が松本市役所とCTNとの本格的な協働開始の第一歩となった。

（6） 松本市子ども日本語支援センターの発足

2009年11月に松本市内の田川小学校内の一室を借りてこの事業がスタートした。この一室の名前を「松本市子ども日本語支援センター」という。ここに2009，2010年度は1名，2011年度からは2名のコーディネーターが原則的には常駐している。コーディネーターの業務内容は以下のようなものである。

①外国由来の児童生徒への日本語教育の企画・運営
②外国由来の児童生徒への教科に関わる補充学習の企画・運営
③日本語支援員およびバイリンガル支援員の連絡・調整
④拠点校（学校長，担当教員ほか）および支援を必要とする市内小中学校との連携
⑤松本市教育委員会学校教育課との連絡・調整
⑥外国由来の児童生徒の就学および進路の相談窓口
⑦中学校から高等学校への進学ガイダンスおよび不就学児童生徒へのガイダンスの実施

また，松本市子ども日本語支援センター（以下，センター）には「日本語支援員」が所属しており，2013年時点で13名である。日本語支援員派遣の流れは，以下のようになっている。

①外国由来の児童生徒の所属する小・中学校からセンターに支援依頼
②センターで依頼内容に最適な日本語支援員を選定

③センターのコーディネーターと日本語支援員が学校に赴き，教頭および担任の教員と打ち合せ
④同時に当該児童生徒の日本語能力，精神状態などをみる
⑤日本語支援員が継続的に学校に通って支援
⑥場合によってはバイリンガル支援員を介して児童・生徒および保護者から情報収集

また「バイリンガル支援員」，つまり外国由来の子どもの母語に通じたスタッフも 2013 年現在 3 名おり，子ども自身の正確な状況把握，また子どもの保護者と学校との話し合いなどの際に活躍している。ただし，最初の申請案にあった「児童の母語保持および母語成熟のための指導」までは行われていない。

（7） 支援している児童数と支援依頼の増加

この数年，松本市内の小中学校からの支援依頼は着実に増加しており，2012 年度の全支援児童生徒数は 39 名であった。

小中学校からの支援依頼が増えているということは，松本市内の小中学校関係者に「松本市子ども日本語支援センター」が認知されつつあること，それだけでなく「あのセンターは有用だ」という評価が広がり始めていることを意味している。これはうれしいことであるが，限られた予算のなかで支援依頼が増加するということは，児童生徒への支援打ち切りの判断を早めることを意味する。つまり，これまで支援してきた外国由来の子どもが少し日本語が上手になれば支援を打ち切り，新たに依頼があった日本語を勉強してきていない子どもの支援にあたるということである。どこで支援をやめるか，どのレベルの子どもを重点的に支援するか。その見極めが新たな大きな問題となりつつある。

（8） 松本市市議会議員との連携

2009 年 6 月の松本市学校教育課などとの調整の際には，松本市議会議員 M の助力を仰いだ。M の仲立ちで日程調整が進み，当日も M が打合せを進行して事業申請に向けて各組織が協力してあたることが確認された。この M と CTN をつないだのも C である。C が M とともに筆者の研究室を来訪した際に，松本市の多文化共生施策の遅れと今後の方向性などについて話をしたとこ

ろ，M は大変興味をもち，積極的に協力してくれるようになった。その後，重要な節目節目で M に相談する，助力を仰ぐなどしている。

10　NPO 法人格の取得

（1）　NPO になる意義

　松本市子ども日本語支援センター実現が見えてきたなかで，CTN 内部で，今までの「市民団体」という立場のままでいいのかという議論が生まれてきた。市民団体は，外部からの承認は必要なく，誰でも自由に設立できる。そのため，社会的な契約を結ぶ際には，透明性・公平性の面などで問題が生じやすい。

　いっぽう，NPO 法人は，所轄庁[56]から認証を受けなければ設立できないため，社会的な契約，つまり松本市役所との委託契約などが結びやすいというメリットがある。また，毎年，事業内容・財務・役員などの状況を所轄庁に報告し，定款なども一般に広く公開しなければならない。加えて，理事会など内部の会議についても正確に記録を残し，外部から見て妥当と思われる行動をすることが強く求められる。つまり，大きな社会的責任が生じるのである。

（2）　CTN の NPO 法人化とそのメリット活用

　このように NPO 法人になれば事務作業は煩雑になるが，透明性・公平性が高いために継続して松本市役所などから業務を受託しやすく，仕事の精度に関してもより高くなる。そこで CTN 運営委員会の了承を得たあとに準備を始め，2009 年 11 月に所轄の長野県庁に設立の申請を行い，2010 年 1 月に NPO 法人として認証された。さらに長野地方法務局・松本支局で登記を行うことで，正式に「NPO 法人　中信多文化共生ネットワーク」が発足した。

　NPO 法人となって 3 年が経過し，松本市からの業務受託などは順調に進んでいる。いっぽう，本当の意味での NPO 法人になったことによるメリットは十分に活用できないでいる。例をあげれば，「寄付の活用」「新たな収益事業[57]の開始」などである。CTN も多くの団体同様，資金不足という悩みを継続してかかえている。法人としての収入源のうち主要なものは「年会費」のみという状況のためである。通常，NPO 法人は社会的信用があるために寄付を

受けやすいとされているが，CTN は寄付を集めるための積極的な活動をしてきていない。松本市役所という公的機関から十分な信頼を得て大きな事業を受託できているにもかかわらず，社会的にその信用度を活用できていない状況である。なお，寄付は「特定非営利活動法人　中信多文化共生ネットワーク」（郵便局：記号 11150，番号 27012711）で受けつけている。

また，NPO 法人は利益追求を目的とするのでなければ，収益事業を実施しても構わないとされている。収益事業による自主財源をもつことで，行政からの委託だけに頼らない健全な組織運営が可能になり，専従職員の雇用も可能になり，より大規模で有効な事業の実施が可能となる。2013 年現在，CTN 内部でも収益事業の開始に向けて検討が進められているが，その実現は急務である。

このように CTN は，NPO 法人という格はもったが，それを十分に生かしきれていない状況にある。ファンド・レイザー[58]の導入，効果的な事業の決定などを進めていかなければならない。そしてこの悩みは多文化共生にかかわる多くの団体も共有するものであろう。団体同士が連携することで，資金不足という共通の悩みの解決に結びつけられればと考えている。

11　松本市多文化共生推進プランの作成・成立
（1）　各地域の多文化共生推進プラン

2009 年に，松本市として「多文化共生推進プラン」を策定する方向性が確認された。この「多文化共生推進プラン」とは，総務省の「地域における多文化共生推進プラン[59]」（2006）にもとづいて全国各地の行政が策定するものである。松本市でも 2009 年に人権・男女共生課に多文化共生係が配置され，それを機に松本市もこの多文化共生推進プラン策定に動きだした。2009 年当時の資料に以下のような記述がある。

> 本市施策の総合化と各部署の連携化を推進するため，多文化共生推進プラン（仮称）を策定します。市民（10 名）および関係機関，庁内関係職員による多文化共生推進プラン策定委員会を設置し，分野ごとに部会に分かれて作業を進めます。

（2） 松本市多文化共生推進プラン策定委員会の発足

　2009年には松本市役所の職員を対象にした多文化共生の勉強会や，プラン方針検討を行う「多文化共生庁内ワーキング会議」が複数回開かれ，プラン素案が作成された。そして2010年4月に，庁内ワーキング会議に参加していた市職員と市民から選出された委員などで構成される「松本市多文化共生推進プラン策定委員会（以下，策定委員会）」が立ち上がった。この策定委員会の市民委員にはCTNから委員が複数名選出され，3つの部会で部会長をつとめた。3つの部会とは，「地域・防災」「教育」「労働・医療・保険」の3つである。

　策定委員会の市民委員には，外国由来の人，外国由来の人の集住地域代表，外国由来の人採用企業代表，市民活動団体，学識経験者，公募による参加者などがいた。市職員は，政策課，危機管理室，福祉計画課，学校教育課，子ども育成課，市民課，納税課，労政課など多文化共生にかかわりをもつさまざまな課の職員である。さらに長野県多文化共生支援員，ハローワーク松本，松本警察署などが委員になっていた。

　2010年4月の松本市多文化共生推進プラン策定委員会第1回全体会では，菅谷昭松本市長の挨拶があり，各委員の自己紹介のあと，正・副委員長の選出，策定の進め方の説明があった。5月以降は3つの部会に分かれてプラン策定のための作業が進められた。この策定作業で求められたことは，多文化共生庁内ワーキング会議で検討された「地域における多文化共生推進に係る具体的な施策」をたたき台とし，「何を」「いつまでに」「どのように」を考えていくことだった。スケジュールは以下のとおりである。

2010年5〜8月：各部会で検討すべき課題の抽出・共有，調査項目の抽出，庁内ワーキング会議の素案検討，情報の収集
2010年6〜10月：（策定委員会とは別に）外国由来の住民に係る実態調査の実施
2010年12月〜：各施策の具体化に向けた検討
2011年3月：プラン案のとりまとめ。状況に応じて部会長による「事務局会議」を開催
2011年4〜5月：庁議[60]での協議，市議会での承認

（3） 松本市多文化共生推進プランの承認

3つの部会それぞれでまとめる進度は異なったが，毎月のように開かれた策定委員会で熱心に議論を進め，スケジュールどおり2011年3月に「松本市多文化共生推進プラン（以下，プラン）」原案を松本市に提出し，策定委員会はその時点で解散した。その後，原案は松本市が行うパブリック・コメント[61]による修正などを経て，2011年7月に松本市議会で承認・成立した。

このプランは，市が年次目標を定め，さらにその目標達成のうえで中心となる部課を決め，その部課に責任をもって目標達成のための努力をさせるものである。また，プランの体系は，以下のA）〜D）のようになっている。

A）コミュニケーション支援
　（1）地域における情報の多言語化　（2）日本語及び日本社会に関する学習支援
B）生活支援
　（1）居住　（2）防災　（3）教育　（4）労働環境　（5）保健・医療
C）「多文化共生」の地域づくり
　（1）地域社会に対する意識啓発　（2）外国人住民の自立と社会参画
D）推進体制の整備
　　多文化共生の推進体制の整備

以下，その具体的な施策例を3つあげて説明する。

① 具体的な施策例1「外国人住民の生活相談のための窓口の設置，専門家の養成」

A）コミュニケーション支援
　（1）地域における情報の多言語化
　　①現状と課題（省略）
　　②課題に対応する施策
　　　イ　外国人住民の生活相談のための窓口の設置，専門家の養成

施　策	短期	中期	長期	実施主体
多文化プラザ設置と同時に多言語相談員の設置をめざします。	○			人権・男女共生課
相談員⇔キーパーソン⇔外国人住民といったキーパーソン・ネットワークを作ります。		○		人権・男女共生課

プラン　p.13

　プランではこのように記載されている。一番上の「多文化プラザ（のちほど説明）設置と同時に多言語相談員の設置をめざします」は，すぐに体制整備を進めなければならない「短期」的な課題であり，その責任を負うのは「人権・男女共生課」であるということである。

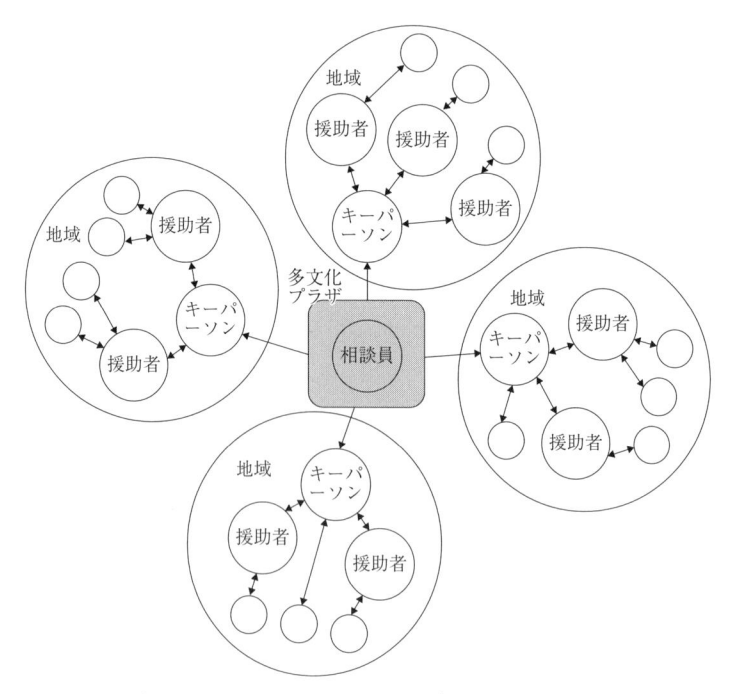

図3　キーパーソン・ネットワークのイメージ

このプランの特徴の1つは「キーパーソン」の活用である。キーパーソンとは，第2章回答2の**4**（3）で述べた「第三者」にあたるもので，外国由来の住民または日本人住民で日本語およびある言語の運用能力が高く，人間的に信頼でき，業務遂行能力が高く，松本市役所やCTNなど関連団体と連携できる人のことをさす。2行目の「キーパーソン・ネットワーク」とは，図3に示すように，行政サイドの相談員を核に，キーパーソンを通じて，日本語ができず孤立している場合もある外国由来の人に正確な情報を伝えていくことをイメージしている。また，逆の流れとして，そのような立場の外国由来の人の不満や行政への要望がキーパーソンを通じて行政に入ってくることも期待されている。

　将来の大地震発生などの緊急事態の際，このキーパーソン・ネットワークが有効に機能していれば，行政などさまざまな情報源から正確な情報を得たキーパーソンが，日本語もできず行政とのつながりが弱いために情報に振り回されやすい外国由来の人に正確な情報を伝えられ，パニックを未然に防止できる。そのような「防災」面での効果も期待されている。

② 具体的な施策例2「地域生活開始時のガイダンスの実施」

A）コミュニケーション支援
　（2）日本語及び日本社会に関する学習支援
　　ア　地域生活開始時のガイダンスの実施
　　①現状と課題（省略）
　　②課題に対応する施策

施策	短期	中期	長期	実施主体
該当者が窓口に来た際に，相談者のニーズに合わせてその都度行います。	○			多文化プラザ
ゴミの分別や学校でのルールなどについては，ビデオを作成するなどして目で見て伝わる方法を研究します。		○		人権・男女共生課，環境業務課，学校教育課

企業との連携の中で，企業への出張ガイダンスといった対応も研究します。		○		多文化プラザ

プラン p.16

　外国由来の人の転入時にすぐに行うガイダンスの重要性については，第2章回答6．「生活上のトラブル」でも述べたが，外国由来の人の意識が深くかかわる問題であり，日本人住民とのトラブル発生にもつながるものだけに「短期」項目とされている。2番目の項目であるビデオ作成も，現在検討されているところである。

③　具体的な施策例3「労基署等関係機関と企業との連携による就業環境の改善」

B）生活支援
　（4）労働環境
　　①現状と課題（省略）
　　②課題に対応する施策
　　　イ　労基署等関係機関や企業との連携による就業環境の改善

施策	短期	中期	長期	実施主体
各機関の相談窓口の連携を図り，地域（日本語教室や日本語支援センター）から上がってくる相談を確実にキャッチし，各専門機関につなぎます。そのためにケース検討会を開催し，ケースの解決等の共有化を図ります。		○		人権・男女共生課，ハローワーク，労働基準監督署，ユニオンサポートセンター，多文化プラザ，子ども日本語支援センターなど
各企業と連携を図るために，外国住民採用企業の協議体の設置を検討します。 　またその際，外国人従業員に対する保険や年金への加入の促進を図ります。		○		人権・男女共生課，ハローワークなど

> プラン p.35

　外国由来の住民の大きな悩みは「不安定な仕事と低収入」である。その根底にあるのが「非正規」「短期」雇用という就業形態であり、それは日本語能力の有無とも関係する。また採用する企業側も経営が厳しい中、使い勝手がよく安い労働力として外国由来の人を活用してきた経緯がある。2008年のリーマン・ショック前まではその状況でも仕事があったのだが、それ以降は工場等での単純労働が激減し、現在も外国由来の人にとって厳しい雇用情勢が続いている。その状況を、採用する企業とハローワーク、労働基準監督署などが協議会で話し合うことで改善をめざそうという取り組みである。

　プランには、以上のような具体的施策が計66あげられている。詳しくは松本市公式ホームページ「くるくるねっとまつもと」に掲載されている「松本市多文化共生推進プラン」を参照されたい。検索サイトに「松本市　多文化　プラン」と入力すると、PDFファイルがリストアップされる。

（4）　多文化共生推進協議会の設置

　プラン最後の項目である「多文化共生の推進体制の整備」にもとづいて実際に設置されたのが、「多文化共生推進協議会」という組織である。

　協議会は2011年7月のプラン承認後、4回開催された。主となる議題は「どのようにすればプランを順調に進行させられるか」であり、2013年6月の協議会では、以下のことが話し合われた。

1. プランの達成状況が遅い課に出向き、「どのような障害があって担当施策が進行しないのか」聞き取り調査をする。
2. 同協議会の委員に、次回の協議会までの課題として「どのようにすれば進行するのか」という提言を考えさせ文書で提出させる。
3. 次回協議会では聞き取り調査の結果と各委員からの提言を報告する。
4. それらをもとに協議会としての意見を決定する。

　このようにプランの進捗状況を管理し、スムーズに進捗するよう担当課に働きかけ、支援することが協議会の役割である。

（5） 松本市多文化共生推進プランとCTNとの関係

　松本市多文化共生推進プランの策定は，松本市役所が主体となって行った活動であり，前述の❾で述べた「松本市子ども日本語支援センター」のようなCTNへの委託事業ではない。しかし，プラン策定の段階からCTNメンバー複数名が主要ポストについて案をまとめ，多文化共生推進協議会の委員にもCTNメンバーが3名委嘱されている（1名は議長）。このような状況であり，このプラン策定も松本市役所とCTNとの緩やかな協働作業の1つと考えている。

12　松本市の「外国籍住民に係る実態調査」の実施

（1） 信州大学人文学部と松本市役所の協働

　松本市多文化共生推進プランの策定と同時に2010年に実施された非常に重要な活動が「外国籍住民に係る実態調査」の実施である。プラン策定のためには，できる限り多数の松本市民の意見を収集し，そのデータを土台に作業を進めることが重要であった。そのため2009年度のうちに松本市人権・男女共生課から信州大学人文学部に調査の設計・分析などを依頼し，2010年度に調査が実施された。この調査により，松本市役所人権・男女共生課と信州大学人文学部との当分野での連携を深化させることも目的とされていた。

　なお，「外国籍」という用語は，本書では原則的に使用しないが，実施された調査のなかで用いられている用語であるため，この節においてはそのまま使用する。

調査の対象者および主な調査項目，実施方法

対象者	主な調査項目	実施方法
1．外国籍住民 ランダムサンプリングされた16歳以上の外国籍住民1,000名	国籍，在留資格，在住年数，今後の意向，生活上の困難，日本語学習，育児，労働，社会保険，必要な政策など　46問	発送，2011年2月までに回収
2．外国人を雇用する，	企業規模，業種，雇用形態別・職種別雇	郵送，2011

またはしていた事業所 237社	用数，今後の採用計画，社会保険，研修，福利厚生，必要な政策など　17問	年3月までに回収
3．日本国籍住民 ランダムサンプリングされた25〜74歳の日本国籍住民1,599名	外国人への期待，要望，抵抗感，外国人との交流経験，トラブル認識，生活問題の認識，交流意向，必要な政策，近隣関係，社会意識，職業など　40問	郵送，2011年1月までに回収

　調査の有効回収率は，外国籍住民54.9％，事業所38.8％，日本国籍住民67.0％となり，この種の調査としてはかなり高い有効回収率であった。よって本調査結果は，松本市民の多文化共生意識をある程度正確に反映しているものといえる。

（2）　外国籍住民の結果

　以下，重要な結果のみあげていく。なお本調査では，松本市内で人口の多い「中国」「韓国・朝鮮」「ブラジル」「フィリピン」「タイ」の5グループとそれ以外の国からなる「その他」とで分類し，この区分をもとに分析している。

日本語能力	ブラジル，タイ，フィリピンは，韓国・朝鮮，中国に比べて「日本人と同程度」という回答が非常に少ない。またこれらの国籍の住民は「会話能力」と「読み書き能力」の差が大きい。
日本語学習形態	「独学」が最も多く「家族・知人」がそれに次ぐ。両者だけで50％を越えており，「日本語教室」や「日本語学校」利用は約30％にとどまる。 ⇒重要
生活上の困難	「収入が少ない」が最も多い。2番目の項目は，ブラジル，タイが「言葉が通じない」，中国が「友人が少ない」，韓国・朝鮮，フィリピンが「仕事がない」。
日本人との交流実態	半数程度が「公私とも分け隔てなく交流」を選んでいるが，25％程度が「プライベートでの交流はない」と回答。とくにブラジルは約45％がこれを選択。
日本人と交流希望	約60％が「公私ともに深く付き合いたい」と回答し，ほとんどの人が日本人との深い交流を望んでいる。⇒重要
就業形態	中国（男），韓国・朝鮮（男）は「正社員」が比較的多いが，ブラジル（男・女），中国（女），フィリピン（女），タイ（女）は60〜80％が

	「短期契約」と回答。
子どもの就学状況	不登校は少なく見積もって十数％，多く見積もれば20％以上。⇒重要
行政への要望	中国，フィリピン，タイは「外国語対応職員の配置」が多く，「大規模病院への医療通訳配置」も多かった。ブラジルはそれ以外にも多くの要望をもっている人が多かった。
差別を受けた経験	「時々ある」と答えた人が多く，中国（男），韓国・朝鮮（女），ブラジル（女），フィリピン（女），タイ（女）は30〜40％の人が選択した。とくにブラジル（女）は49％が選択。
自由記述	タイ（女性）「とにかくバカにされる。すぐに『タイ人だから』と言われる。まちがえても何も言わず指導なしでどうすればいいかわからない」 ブラジル（女性）「長い間，同じ職場で働いていても，まだ多くの日本人に避けられる。『ここで何してるの？』という目で見られる。軽蔑，無視ばかり」 フィリピン（女性）「保育園で漢字が読めないし書けないから，ほかのお母さんたちから馬鹿だと思われてる感じがするから，PTAに行きたくない」 中国（女性）「外国人だとわかったら，会話が続かなくなる」 ブラジル（女性）「働いている工場ではブラジル人は全員正社員じゃないので，いくら長く働いていても使い捨てです。いくら努力家であっても，いつも不安定で保障がない」 韓国・朝鮮（女性）「日本で生まれ日本人としての自覚しかないのに，国籍がちがうというだけで外国人扱いされる」⇒アイデンティティ

　調査結果からわかるよとおり，偏見・差別に関する結果に深刻なものがあり，外国由来の人に対する日本人の意識の根底にそれらが根付いていることがうかがえる。また，不登校の多さも深刻である。さらに，外国由来の人の多くが「日本人と公私ともに深く付き合いたい」と望んでいることは注目される。

（3）　日本国籍住民の結果

必要な政策	多いものは「外国語対応職員の配置」「転入者にルール周知」「外国人の雇用者に社会保険加入の指導強化」「労働者に外国語で労働の権利を伝達」など

知人の有無・トラブル認識と外国人への抵抗感	「知人なし・トラブル知っている」が最も抵抗感が大きく20％前後。いっぽう「知人あり・トラブル知っている」では、16％台に減少。
知人の有無・トラブル認識と外国人との共生志向	「知人あり」はトラブルの有無とあまり関係なく共生志向が大。つまり「トラブルを減らす」より「外国人の知人を増やす」ことが効果的。⇒重要。「交流」の効果立証
集住地域と市内全域	ほぼどの項目においても、集住地域は市内全域より外国人に対する意識が厳しい。⇒重要

　日本国籍住民の結果では、「集住地域に住む日本人」の外国由来の人への意識が、「市内全域の日本人」のそれよりもやや否定的なことに注目させられる。それは、集住地域に住む日本人が実際に外国由来の人とのトラブルがあった、嫌な思いをしたケースが多いためと推察される。今後、多くの外国由来の人が住むようになる場合、集住地域は確実に拡大していく。その時点でそれらの地域でも否定的な意見が増加しないよう、「転入者にルール周知」のような転入時の有効なガイダンス実施と、キーパーソン・ネットワークを用いたその後の継続的な日本の生活ルール周知、さらに交流イベントを通じた「外国由来の知人づくり」が早急に必要とされている。

　なお、この調査結果をもとに前述⓫であげた「松本多文化共生推進プラン」には改善のための多くの具体的な施策が盛り込まれた。いわば、このプランを着実に進行させていくことが、調査でわかった深刻な状況をわずかでも改善させていく一番の近道だと考える。

13　松本市多文化共生プラザの設置
（1）　多文化共生推進プラン内での「多文化プラザ」
　前述⓫「松本市多文化共生推進プラン」であげた具体的施策に何回も「多文化プラザ」という用語が出てきており、とくに①具体的な施策例1には、「多文化プラザ設置と同時に多言語相談員の設置をめざします」と明記されている。この多文化プラザは、「短期」つまり早急に実現させる項目であり、実施主体

は「人権・男女共生課」である。プランでのこのような明確な位置づけをもとに，CTN 設立時から「外国由来の子ども支援」と並んで悲願であった「外国由来の人も日本人も相談できる拠点づくり」が 2011 年 8 月に動き出した。

　プランで「多文化プラザ」とされていたこの拠点の正式名称は「松本市多文化共生プラザ」に決定された。場所は，本書で何回も取り上げてきた「ふれあい国際交流情報センター」がある M ウィング 2 階である。M ウィングは松本駅から歩いて 5 分ほどで，南棟 6 階建て，北棟 8 階建ての 2 つの建物からなっている。駐車場が有料である点はネックだが，公共交通機関も利用しやすい町の中心部にある点ではよいロケーションだといえる。

（2）　松本市多文化共生プラザ運営の基本方針

　松本市多文化共生プラザ（以下，多文化プラザ）に優秀なスタッフを常駐させられるかどうかは，多文化プラザが今後有効に機能していくかどうかを左右する重要な問題であった。「ふれあい国際交流情報センター」が国際交流を目的にこの場所に設置されたにもかかわらず有効に機能しなかった大きな理由は，「人員が配置されなかった」ためである。ハコ物だけでは有効に機能しない。そこに優秀で熱意のあるスタッフが配置され，さまざまな活動をして初めて，その場所が活きはじめる。

　また，利用者である外国由来の人と日本人の双方が「来やすい時間帯」に多文化プラザが開いていることも重要であった。「何度か行ってみたけれど，いつも閉まっていたからもう行かない」とは利用者がよく口にすることであり，そういった施設・店舗は衰退していく。そのような状況は避けなければならない。

　この点を松本市人権・男女共生課は十分に理解しており，2012 年 7 月オープンに向けて常駐スタッフの予算も確保していた。そして，以下の基本方針が決定された。

・コーディネーターを交代制で常駐させる。
・予算が許すかぎり，多言語相談員を配置する。
・人権・男女共生課の多文化共生係が多文化プラザでコーディネーターとともに勤務し，深く連携する（人権男女共生課は 3 階にあるため 2 階に移動）。

- 運営時間は，1週間休みなく，平日は朝9時から午後10時，土・日・休日は朝9時から午後5時までとする。
- 松本市人権・男女共生課がCTNに運営業務を委託する。

なかでも，非常に重要なことは，「CTNに運営業務を委託する」決定がされたことである。その後，多文化プラザ・オープン前の2012年6月末に松本市役所とCTNとの間で業務委託契約が交わされた。

(3) コーディネーターの人選

このような流れを経たうえで，多文化共生係LとCTN関係者とでコーディネーターの人選に入った。上記運営時間をすべて1人のコーディネーターでカバーすることは物理的に不可能である。そこでメインのコーディネーターを1名決め，メイン・コーディネーターの勤務時間は平日朝9時から午後5時までとした。選抜されたメイン・コーディネーターは以下のような人物である。

- 大規模日本語学校で3年間，専任講師としての日本語指導経験がある。
- その学校での日本語教師養成経験および地域の日本語教室でのボランティア養成講座講師の経験が豊富である。
- 松本市など地域の日本語教室での日本語ボランティア経験があり，松本でのネットワークをもっている。
- 松本市役所の仕事の流れなどを把握しており，知己もいる。
- 文化庁など全国レベルのネットワークももっている（→その後，2011年度に文化庁の地域日本語教育コーディネーター研修を修了）。

つぎに，夜間と土日等に勤務するサブ・コーディネーターを人選していった。選抜されたサブ・コーディネーターは以下の2名である。

1. 米国の大学院でソーシャル・ワークについて専攻し，ニューヨークの難民支援NPOで数年間多文化ソーシャル・ワーカーとして外国由来の人からの相談を受けた経験がある人物。
2. 不登校の高校生への進学支援など教育面での支援経験が豊富で，かつ行政書士であり入管行政などに詳しい人物。

2012年7月のオープニング以降2014年現在まで，この3名のコーディネーターと多文化共生担当係の体制で多文化プラザは運営されている。
（4）　多言語相談員の人選と配置時間決定
　松本市多文化共生推進プランに明記されているように，多言語相談員の配置も非常に重要であった。
　日本語能力が不十分な外国由来の人はトラブルなどに巻き込まれることがしばしばあり，深刻な問題をかかえるケースもある。日本語能力が高い者でも，そのようなことはありうる。トラブルをかかえている状態では，平常時は日本語能力が高い者でも日本語で相談することは非常に困難になる。学習日本語と同様に，相談に用いられる日本語も特殊な場合が多いためでもある。その状況で，外国由来の人が安心して母語で相談できること，さらにその相談内容をじっくり聞く多言語相談員がいることは重要である。なお，多言語相談員は相談を受けたあと，その内容をコーディネーターに伝達し，コーディネーターが市役所の担当部課や労働基準監督署，ハローワークなどにつないでいる。
　多言語相談員は，十分な日本語能力があり，人間的にもすぐれていて広いネットワークをもち，市役所関係者などとスムーズに仕事ができる外国由来の人であることが望ましい。また，DVや離婚などの相談が女性から寄せられることもある関係上，できれば相談員も女性であることが望ましかった。幸いプランのキーパーソン・ネットワークなどの関係でキーパーソンのなかにそのような者が複数おり，時間調整などのうえ，多言語相談員として依頼し，決定した。多言語相談員の一週間の配置は以下のようになっている。

月曜	火曜	水曜	木曜	金曜	土曜
中国語① 16-18時	ポルトガル語① 17-20時	ポルトガル語② 17-22時	中国語② 18-20時		タイ語 13-15時 タガログ語 15-17時

　なお，英語に関しては，サブ・コーディネーター2名ほか堪能な者がいるため，かなり長い対応時間が取れている。また，上記の時間に外国由来の人が多

文化プラザに相談に来られない場合，電話による対応も行っている。

（5） オープニング・イベントとその後の運営

2012年7月1日朝9時から松本市の副市長や市議会議員など政財界の関係者が集まっての多文化プラザのオープニング・イベントが盛大に開かれ，中国の二胡の演奏，タイの舞踊などが披露された。

その後，実際に多文化プラザを運営していくうえで重要視しているのは，以下の4項目である。

中国・二胡の演奏およびタイの舞踊

1．相談する場所…在留資格，日本語学習，DV[62]などトラブルの解決，生活の仕方などの相談を多言語で受付
2．交流する場所…外国由来の人と日本人との交流，外国由来の人同士の交流，日本人の支援者同士の交流
3．学習する場所…日本語，日本の文化，ほかの国の言葉や文化などを学習
4．情報を発信・収集する場所…イベント情報，相談情報，生活情報の発信，キーパーソンネットワークの構築など

上記4項目のうち「1.相談する場所」についてはコーディネーターと多言語相談員の配置で対応している。

「2.交流する場所」および「3.学習する場所」に関し，多文化プラザは「多文化フェ」という名称で世界のさまざまな国の文化を体験的に学ぶイベントをほぼ毎月実施している。多文化フェは単なる文化紹介に終わらせないようさまざまな工夫をしており，講師にはその国の飲み物・食べ物を用意してもらい，参加者は実際にそれらを飲む，食べるなどしながら講師の話を聞き，実体験もする。これまでの多文化フェのテーマは，次のようなものである。

> 1．韓国の文化紹介　→その後，毎週火曜日の昼・夜に多文化プラザで行われる「韓国語教室」へ発展
> 2．アメリカのハロウィーン・パーティ。100名以上の親子が参加。
> 3．ペルーの文化紹介　→その後「ペルーの料理体験」へ発展
> 4．フィリピンの文化紹介　→その後「フィリピンのお菓子作り体験」へ発展
> 5．アフリカの太鼓とダンスのワークショップ。参加者も非常に激しいダンスを体験
> 6．アルゼンチンの文化紹介　→その後，外国由来の児童支援の話に発展
> 7．ブラジル・ボサノバの紹介　→ダンスありのミニ・コンサート

このように「多文化フェ」の多くの活動は，それ単体で終了となるのではなく，参加して興味をもった人がさらに実体験をともなう高次の活動に参加できるように企画されている。韓国語教室は1年以上継続しており，ペルー料理やフィリピンのお菓子づくりも参加者が非常に多くにぎわっていた。いずれも，めざすことは「単なる異文化の「さわり」体験ではなく，深い実体験を通じてなんらかの多文化共生面・国際交流面での意識変化をもたらす」ことである。

また，毎年秋に多文化プラザ主催で実施される「多文化共生フォーラム」も「2.学習する場所」の1つである。多文化共生フォーラムでは，全国で活躍している多文化共生の専門家を松本市に呼んで全国の状況を話してもらい，同時に松本市の現状を伝え，そのうえで今後松本市はどのように多文化共生施策を進めればいいかを話し合っている。

加えて「3.学習する場所」のうち日本語の学習に関し，毎週木曜午前に日本語教室が立ちあがり，活発に活動している。2011年度に文化庁主催・松本市中央公民館共催の「日本語ボランティア養成講座」が実施された際，講師を務めた多文化プラザのコーディネーターが講座の受講者に「一緒に日本語教室をつくりませんか」と声をかけ，新たに教室を立ち上げたものである。受講者のうち1人がリーダー，多文化プラザのコーディネーターがアドバイザーとなり，毎週多くの外国由来の人が受講生として参加している。

「4.情報を発信・収集する場所」としては多文化プラザ内に設置されたメッセージ・ボードがあげられる。このメッセージ・ボードでの発信の仕方は，自

分が発信したい情報をメモに書いてコーディネーターに渡し，コーディネーターが公共の場で掲示していい情報かどうか判断のうえ OK となれば掲示するというものである。たとえば，以下のように多種多様であり，活発に活用されている。

> ・言語教師などからの英語の指導条件の提示
> ・留学生などからの交換式言語レッスンの呼びかけ
> ・主に日本人からの言語指導の依頼
> ・「こいこい松本」のような祭りや交流イベントの案内
> ・「世界の友だちがほしい」という主に日本人からの依頼
> ・「日本人の友だちがほしい」という転入してすぐの外国由来の人からの依頼
> ・「日本の料理を教えてほしい」という外国由来の人からの依頼

（6） 初年度（2012年度）の松本市多文化共生プラザ運営状況

多文化プラザがオープンした2012年度（2012年7月1日～2013年3月31日）の運営状況は，のべ利用者数5999人，分野別相談状況1164件となっている。

多文化プラザの課題としては，日本人住民からのさまざまな相談受付，多文化フェの参加，韓国語ほかの語学学習への参加などは見られるものの，外国由来の住民が多文化プラザを訪問して多言語相談を行うケースがそれほど多くないことがあげられる。理由としては「多文化プラザが周知されていない」「赤の他人には相談しづらいので知人に相談している」「駐車場が有料で長時間停めると高い」「何となく敷居が高い」などの要因が考えられる。

「赤の他人には相談しづらい」などには対応が困難であるが，多文化プラザの周知不足に関しては問題意識をもっており，キーパーソン・ネットワークでの周知依頼，名刺サイズの案内カードをつくって外国料理店に置いてもらう，日本人・外国由来の人のいかんにかかわらずカードを渡す，Facebook などソーシャルネットワークにページをつくってイベント広報をしつつ多文化プラザの広報をするなどの努力を続けている。

（7） 松本市の日本語教育プログラム構築への助力

2013年9月より，文化庁の委託事業として採択され，多文化プラザで「金

曜午後の日本語教室」が開始された。これは，プロの日本語教師である多文化プラザのコーディネーターが教室の講師を務めつつ，木曜午前の教室の日本語ボランティア・スタッフを主な対象者としてOJT[63]形式の養成講座を行うものである。最初の1時間，日本語ボランティア・スタッフはコーディネーターの指導を見学し，次の1時間は自分が講師となって日本語を指導する。

　この「金曜午後の日本語教室」は半年のみの実施予定であるが，2014年4月から松本市が主となって実施する予定の「本格的な日本語教育プログラム」の文化庁への申請もすでに行っている。このプログラムは，上記「金曜午後の日本語教室」からつながるものとして申請しており，申請前にコーディネーターが人権・男女共生課の多文化共生係ほか関係者とじっくり煮つめたものである。内容的には，ゼロ・レベルの外国由来の住民への日本語指導を体系的に行い，その後，地域の日本語教室につないでいくことをめざすもので，松本市全体として進めていくことを視野に入れている。

　市役所の関係者とこれだけ緊密に連携して文化庁という外部組織の資金を得るという協働形態は，多文化プラザ設立前にはあまり見られなかったものである。この点も松本市多文化共生プラザが設立されたことによる巨大なメリットといってよいだろう。

　今後，より多くの外国由来の人および日本人住民に多文化プラザの広報を進め，その有用性に気づかせ，松本市の多文化共生のシンボルとして大きく発展させていきたい。

14　CTNと行政とのほかの協働の事例
（1）　松本市役所関係各課との連携

　CTNと松本市役所内の関係各課との連携も始まっている。たとえば，CTNメンバーが部課長が集まる会合で問題点として指摘した件に，健康づくり課が素早く対応してくれたなどである。行政が市民向けに送る情報のなかには非常に重要なものがあるが，外国由来の人は日本語能力不足・行政の文書に対する文化的対応などの問題で，あまり丁寧に読もうとしないことがある。その文書

が自分の子ども向けの「予防接種の案内」のようなきわめて重要なものについても同様である。

この件に対し，CTN関係者が会合で報告したところ，健康づくり課では，「予防接種」という表現を複数の言語で案内封筒に記載してくれるようになった。これにより，日本語だけの文書なら「捨ててしまおう」と考える人でも「あれっ，タガログ語で『予防接種』と書いてある」と気づき，日本語が強い友人に読んでもらおうと考える可能性が高まる。

これは小さな一歩だが，これまで人権・男女共生課以外の関係課とCTNとの協働が十分でなかったことを考えると，大きな一歩だといえる。

（2） 長野県知事との面談と外国籍県民意見交換会への協力

2011年3月には，阿部守一長野県知事をCTN関係者4名で訪問し，松本市での多文化共生の進展について報告するとともに，長野県としての多文化共生施策の進展について依頼した。自治省・総務省などを経験し，外国由来の人との共生に関心が深い阿部知事は熱心に話を聞いていた。

その後2011年6月に，阿部知事は長野県観光部国際課を事務局として長野県内4地域で「外国籍県民意見交換会」を実施した。松本市もそれに含まれており，国際課からの依頼を受けてCTNとして全力で外国由来の人への広報，参加の呼びかけを行った。その結果，4地域で最大の70名を超える外国由来の人が参加し，多くの外国由来の人が阿部知事に向けて積極的な意見開示を行った。

しかしその後，長野県主催で多文化共生の大きな動きが生じることはなく，CTNとしても長野県に対して新たな働きかけ，協働が必要な時期かと考えている。

15 協働の実現と今後の活動へのヒント

この章では，行政とNPOとの協働に関する質問7「どうやってCTNと（松本）市役所との協働はできてきたんだろう」に対して，その回答を事実に即して述べてきた。発足から多文化共生係の配置，子ども日本語支援センター

の設立，多文化共生推進プランの策定などの流れで，常に CTN は松本市役所と協働で仕事を進めてきており，その過程で CTN の業績・運営能力・人材リソースなどが分析・評価されて委託につながったと考えている。とくに多文化プラザに関しては，2008 年に松本市役所に提出した「松本市市民協働事業提案制度」が 4 年を経て 2012 年に実現したもので，よりはっきりした協働の事例といえるだろう。

　もちろん，CTN だけが松本市役所の委託先として将来も安泰というわけではない。今後，ほかの強力な多文化共生にかかわる NPO が松本市内に現れ，多文化プラザなどの委託先としてその NPO が指名される日が来るかもしれない。しかしそれは「健全で良好な競争状態」であり，CTN としてもさらに努力して運営能力をアップさせ，委託を取り戻すよう努力するのみである。

　これまで述べた中信多文化共生ネットワーク〈CTN〉が設立するまでの経緯，設立から行政との協働開始，その後の具体的な施策などは，外国由来の人のみで 10 万人以上もいるような集住地域から見れば，取るに足らぬ小さな取り組みにすぎないと思う。しかし，日本にいる外国由来の人たちは，そのような集住地域だけではなく全国に散らばっている。なかには東北地方のように，広い地域にポツンポツンとわずかしか外国由来の人がいない「散在地域」もあり，それはそれでさまざまなむずかしい問題をかかえている。また，松本市のような人口 20 万人強で，多いとはいえないがある程度の数は確実に外国由来の人が住み，さまざまな不都合のなかで行政と折り合いをつけながら生活しているところも実は多いだろう。

　この章の冒頭で述べたように，CTN と松本市役所との協働の経緯が，多くの行政関係者，多文化共生の活動を進めている人および団体にとってなんらかの「今後の活動へのヒント」になるのであれば，それに勝る喜びはない。

第4章　8つ目の質問
―ともに考える2050年の日本―

1　一小学生の迷い
（1）　友多の学習

多文化共生の祭り「こいこい松本」でさまざまな疑問を感じ、気づきを得た友多(ゆうた)は、この数カ月間、ゆっくり、かつじっくりと「多文化共生」の問題を調べてきた。方法はさまざまである。インターネットを使う、両親や知り合いのおじさんに聞く、関連するテレビ番組を見る、図書館で調べる。今の時代は、「知ろう」と決心さえすれば小学6年生でもかなり深い内容を調べられるようになっている。ただ、「知ろう」と思わずに単に情報に流されている人が多いのが事実だが。

友多は、すでにこの問題の全体像を頭のなかにつくりあげられるようになってきていた。もはや自分のなかに浮かんだ7つの質問の答えは、ほぼ得ていた。そして、外国由来の人とともに暮らしていく未来について、さらに強い興味をもつようになっていた。

（2）　ある事件の発生

そんなある日に、その事件は起きた。友多と拓夢(たくむ)のクラスにいる一真(かずま)という子が、休み時間に大きな声で皆に向かってこんなことを言い出したのだ。

　　一真「みんな、中国に行くとなぐられるぞ。それに韓国に行くと後ろから蹴られるんだって！」

一真はちょっと目立つ発言力の強い子だっただけに、皆がビックリして一真を見た。ある女の子が一真に向かって言った。

　　女の子「そんなこと、ないと思う。だって…」
　　一真「でもウチの父ちゃん、母ちゃんがそう言ってたんだぞ。それもテレビ

でそういう放送してたときに言ってたんだ！」

声を上げた女の子同様に「それはちがう！」という声がノドまで出かけていた友多は，一真の返事を聞いて黙るしかなくなってしまった。ほかの皆も黙っている。あまり気持ちのよくない緊張がクラスに漂ったとき，先生がクラスに入ってきた。あわてて，そして同時に皆が少しホッとして，普通に授業が始まった。

（3） 友多の逡巡

しかし友多は，授業に集中することができなかった。

もしあのとき，友多が一真に反論していたらどうなっただろうか。今まで友多がじっくり調べてきた多文化共生の事実をもとにしっかり反論していたらどうなっていただろう。おそらく，クラスの多くの子は友多の意見が正しいと認めてくれただろう。「そんなこと，ないと思う」と声を上げた女の子に同調してうなづいていた子が多くいたのだから。

しかし，事実にもとづく友多の鋭い反論は，一真の両親を批判することになってしまうのだ。両親の話は根拠のない作り話だと皆に伝えることになる。クラスでそのような状況になれば，一真はよりムキになって反論するか，友多を恨むしかなかっただろう。

また，一真の最初の発言と次の発言に「うんうん」とうなづいていた子も少数ながらいたことに友多は気づいていた。

（4） 平和で穏やかな立場の「弱さ」

強く，心にグサッとくる刺激的な意見が，平和で的を射ている穏やかな意見を力で駆逐していく。すでに友多は，この小学校のなかでもそのような経験を何回かしていた。とくに「中国や韓国の人のことでは，みんなの意見はバラバラなんだ」と友多は強く感じた。

自分が調べてきた外国や多文化共生についての「正しい」と思うことが，反対勢力の「勢い」や「力の強さ」のために言えなくなってしまう。小学校で一人の小学生が感じている「どうしたらいいのか」という迷いは，今，日本全国に広がっている。

なぜ一真の両親は,「中国に行くとなぐられる。それに韓国に行くと後ろから蹴られる」などということを一真に言ったのだろうか。また,その発言の原因になったテレビ番組はなぜつくられたのだろうか。

2　多文化「強制」

「多文化強制」という単語を目にしたことはないだろうか。多文化共生ならぬ多文化「強制」である。簡単に説明すると,「日本に外人がたくさん入ってきて,私たち日本人はそいつらと一緒に住むことを強制される。そんなことは望んでもいないし,必要性も感じていないのに」といった意味である。2006年ごろに「多文化共生」という単語がよく使われるようになり,2008年に「移民庁[64]の設立」「1000万人移民の受入[65]」といったニュースが流れるようになったころ,この多文化「強制」という単語も少しずつ使われるようになった。

外国人がたくさん日本社会に入ってくる。この事実を「なんか楽しそう」ととらえる日本人はあまり多くないだろう。上記ほど否定的ではないにせよ,「大丈夫なのか？　日本という国の秩序が,歴史のある文化が,外国人に壊されてしまうんじゃないか？」という危惧を覚える日本の人はかなり多いのではないか。

3　グローバル化,多文化共生に関する現在の日本の暗い側面

（1）　現状肯定,変革とまどい

人間に限らず,生物というものは「現状肯定派,変革とまどい派」だろう。外国由来の人が本格的に日本社会に入ってくるという「巨大な変革」は,ここまで発展してきた「日本的やり方」に対して根本的発想の転換を迫るものであり,「やや否定」的な反応になるのはむしろ自然だと思われる。

ただ,それにしても2014年現在の日本の状況には目に余るものがある。2004年に内閣府は「外国人労働者の受入れに関する世論調査[66]」を全国の20歳以上の3000人を対象に実施した（有効回答率69.2%）。そのなかの質問「今後の労働力不足を補う方法の1つとして外国人を労働者として受け入れること

について，どのように考えるか」の回答は次のようなものだった。

> ①高齢者や女性などを含め，国内の労働力の活用に努めるだけでは自ずから限界があるので，受入れについて積極的に考えていく： 15.3％
> ②高齢者や女性の活用を図ったり，就労環境の改善や技術革新，情報化関連投資等労働生産性向上に努め，それでも労働力が足りない場合には，受け入れることもやむを得ない： 45.0％
> ③高齢者や女性の活用を図ったり，就労環境の改善や技術革新，情報化関連投資等労働生産性向上に努めることによって解決を図るべきであり，安易に受入れを考えない： 29.1％

この2004年の時点では，①の意見が15％強，②が半数近いように，外国由来の労働力の受入に対する世論は，「絶対否定」ではなかった。ところが2014年現在，状況は変化している。

（2） メディアに振り回される人々

友多の事件で問題なのは，外国由来の人の受入に「否定的な風潮」を助長するようなメディアの存在であり，それが世論に大きな影響を与えていることである。その結果，2004年当時よりも，外国由来の人の受入や在日韓国人・朝鮮人を含めた多くの異なる文化をもつ人たちとの共生に対する否定的な意見が強く表面に現れている。

2014年2月現在，中国とは尖閣諸島／釣魚島の問題で，韓国とは竹島／独島の問題で，日本の東アジア外交は完全な停滞状況に陥っている。中国・韓国両国ともに，日本に領土問題だけでなく，「歴史認識の問題の改善」を突きつけ，それが進展しなければ今後の外交の進展はないという姿勢だ。

この姿勢に対し，メディア各社とメディアの世界で生きている人々，いわゆる評論家，タレントなどの多くが反発している。そしてメディア各社は，そのような評論家，タレントを出演させ，強い意見を言わせ，同様に中国や韓国などに反発している多くの一般の人々が共感するようなテレビ番組をつくっている。もちろん，一部には冷静な対応を求めるメディア関係者や出演者もいるのだが，おしなべて劣勢である。

（3） K-pop 大ブームの反動

2011 年に「K-pop[67] 大ブーム」という芸能界の現象がみられた。かなり特異な状況であり，多くの人が韓国のガールズ・グループなどの急激で強力な進出に戸惑いを覚えたはずだ。そして芸能界ではよく見られることだが，そのブームは急に，完全に封じ込まれていった。2011 年末の NHK 紅白歌合戦に多数出場した K-pop グループが 2012 年末の紅白ではゼロである。

一見，政治的には無関係に見えるこの K-pop 大ブームの変遷は，大きな意識の変化を巻き起こした。それは「韓国に関するものへの嫌悪感，忌避感」である。韓流ドラマや K-pop 大ブーム時に韓国に対して生じた違和感がやがて拒否感に変わり，さらにそれが一歩進んで嫌韓感情になった面は否定できない。元来，日本に根強くある「北朝鮮への警戒感，忌避感」と嫌韓感情が加わり，逆「韓流」として流れ出した。

（4） ヘイト・スピーチおよびヘイト・デモの大発生

そうして現在，在日韓国人・朝鮮人の歴史的経緯やなされてきた差別などを考慮せずに，多くの人がヘイト・スピーチ[68]やヘイト・デモ[69]などのかたちで猛烈な在日韓国人・朝鮮人や外国由来の人々，さらに障がい者など少数派を攻撃するようになっている。「在日特権を許さない市民の会[70]（略称：在特会）」の東京・新大久保でのデモが有名なものだが，このような活動が全国で行われている。これまでネットという「顔が見えない世界」に隠れて「口撃（ヘイト・スピーチやネット書き込みなど意見による強力な攻撃）」していた人々が一歩進んで，白昼堂々と多人数でデモをし声高に叫ぶというかたちでの「攻撃」を始めているのである。2013 年 9 月 29 日の Facebook に，信州大学で学習後，東京で働いている中国人 OG が以下のような書き込みをしていた。

> 「今日は東京外語大の近くで朝からずっとデモがある。『外国人馬鹿，頭おかしい，常識通じない』とか，朝からずっと叫んでた。めっちゃ怖い~_~;本当にショック」

日本が好きになり，日本に住んで働くこと，場合によっては今後の長い人生を過ごすことを考えている多くの外国由来の若者が，ヘイト・デモなどにより

心をふみにじられている。

（5） ヘイト・デモなどに対抗する「のりこえねっと」の誕生

　市民団体「ヘイトスピーチとレイシズム（人種差別）を乗り越える国際ネットワーク（略称：のりこえねっと）」は，2013年3月から8月までに全国で行われたヘイト・スピーチは計161回に及ぶと報告している。非常に大きな数である。また，「のりこえねっと」は，「ネット上での人権侵害は，2012年には報告されたものだけでも2万件を超えました（以前は8000～9000件）」としている。2012～13年という直近2年で急増しているのだ。

　この状況に対する社会の反応があまりに鈍いことに業を煮やした上野千鶴子[71]など数人が，共同代表になって立ちあげたのが上記の「のりこえねっと」である。ヘイト・デモへのカウンター活動，ヘイト・スピーチ・サイトの告訴などの対策を行い，学習会でレイシズムや多文化共生に関する事実を伝え，反レイシズムの番組制作などをめざしている。そして，賛同者をサイトで募っている。検索サイトで「のりこえねっと」と入力すればサーチできるだろう。そろそろ，日本の多くの人々も現状を座視せず，重い腰をあげて動き出すときである。

　また，2012年に国連人権理事会[72]は，普遍的定期的審査において「包括的な差別禁止法の制定」を日本に対し勧告した。日本にはこの差別禁止法がないために「明らかな（言葉による）暴力」といえるヘイト・デモなどを警察が取り締まれずにいる。「のりこえねっと」は，この法律の立法化活動も行っている。

（6） 1つの家庭のなかで

　このようなメディア姿勢と日本全体の攻撃的な雰囲気の結果として，一真の両親のような人たちが中国・韓国に批判的な内容のテレビ番組を見て，深く考えずに「中国に行くとなぐられる。それに韓国に行くと後ろから蹴られる」といった発言をしてしまう。夫と妻2人だけの話なら，影響はさして大きくない。しかし，家庭内には一真，またはほかの兄弟もいるのだ。

　こうして親の影響を受けた一真は，さらに教室でその発言を伝える。発言力

の強い一真の言う話なので，深く影響を受ける子どもも出てくる。とくに，うっすらそのように感じていた子どもは，「うんうん」とうなづき，さらにその意を強くするだろう。そのようにして，子ども，そして若い人にも「嫌中・嫌韓」「多文化強制　反対」といった考え方が広まっていく。

（7）　海外生活を敬遠する子どもたち

2013年8月の『日本経済新聞』に以下のような記事が掲載された。

> 「英語好きだよ　でも海外は…」
> 英語は好きでも，将来海外で学んだり働いたりする意欲は高くない。2013年度の全国学力・学習状況のアンケートで，小中学生のこうした意識が明らかになった。

国際社会で活躍できる人材は世界各国が求めており，日本も例外ではない。2010年ごろから「グローバル人材育成」という名目で，国レベルでかなり多額の予算を大学に投じて留学などの動きを促そうとしている。その背景にあるのは「大学生の留学激減」という冷厳な事実である。ピーク時の2004年の8万2945人からわずか6年後の2010年には，5万8060人と30％も減少している。ところが日本経済新聞の記事のように，その減少をさらに加速させる小・中学生の「予備軍」が大量にいるのが日本の現実である。

韓国，中国では，若者たちが手当たり次第といってもいいほど積極的に海外に飛び出し，韓国や中国の大学のキャンパスは世界からの留学生であふれかえっている。上海の有名大学のキャンパスを歩いていると，多種多様な顔，肌の色が見られ，自分がどこにいるのかわからなくなる。この現状を日本の人は知らない。

（8）　不満と不平の鬱積が呼ぶ結果

また，一真の両親が日ごろから自分の状況に満足して暮らしているかという事情もかかわりがある。通常，現況に満足して納得して暮らしている人は，ほかの事象に対してそれほど攻撃的にならず，多少そのようになったとしても表現は控えめであることが多い。ところが不満や不平を心にうず高く積んでいる

人の場合，何か気に入らない事象に対しては猛烈な「口撃」を加えるケースが多い。

とくに相手が自分より立場が下であったり，相手から自分に直接の反撃，危害が加えられないと考えられる状況であればなおさら，この「口撃」は激しさを増す。日本人のなかには，残念ながら中国，韓国などアジアの人を卑下する意識をもつ人が存在している。その状況下で，中国の政治・経済・軍事的成長，韓国企業の世界市場での強さなど「卑下することができない，おもしろくない」屈折した現状があるため，脅威を感じることもあいまって中国や韓国などへの「口撃」は，激しさおよび陰湿さを増している。

さらにテレビ画面などは，決して自分に反撃してくることがないので「口撃」にうってつけである。ただし，テレビというものは家族全体で囲んで見るケースが多く，そのようなときに親が頻繁に「口撃」をすれば，その影響は家族全体に及ぶ。

また「若者の留学および海外勤務の敬遠」にも親の意識はかかわりをもつ。30〜40代といった今の親の世代には，「自分たちの世代は留学せずとも就職できたし，留学した奴が必ずしも成功したわけではない」というような意識が潜在的にあり，経済的余裕のなさもあるため，子どもに対して「留学したって大して役に立たない」「日本にいたほうがいいんだ」といった意見を述べているのではないだろうか。それらの発言が子どもの意識にブレーキをかけている可能性がある。

バブル崩壊から20数年，先の見えないトンネルの中を迷走しているような日本の経済状況は，確実に一真の両親のような「何か気に入らない事象に対して猛烈な『口撃』を加える」人間を増加させてしまった。その状況は，とくに多文化共生を進展させるうえで大きな障害となっている。

（9） ネット右翼と若い世代がもつ「未来への不透明感」

以前は，過激で心にグサッとくるような発言を大々的に広言してまわる人はさほど多くなく，それへの同調者も多くなかった。また，その意見に同調する者が少数いたとしても，同調の意思を伝達することはむずかしかった。しかし

ネットの発達は，そのような少数だが「非常に強い意見」を述べる者同士を有機的に結びつけ，さらに同調者をも発言者に強力に結び付けるようになった。その声はもはや少数派ではなく数的にそれなりに多く，何より表に出て非常に強くほかを「口撃」して駆逐する姿勢を見せている。ネット進展による「ネット右翼（ネトうよ）」の一大進化である。

よく知られている「2ちゃんねる」，そして同様のネット掲示板の多くが，外国由来の人受入施策の巨大な反対勢力である。「2ちゃんねる」ユーザーの多くは若い世代であり，彼らの多くが生まれてきた時点で，日本はすでに「先進国」になっている。同時に，彼らは「停滞」時代に育ってきている。若い世代の人たちは，1950～60年代の貧しさを知らず，同時に「これから成長するんだ！」という国全体の熱いムードを感じたこともない。結果として，「豊かな現状の維持」「未来への不透明感」が大きな行動原理になっている人が多いと感じる。彼らにとって，外国由来の人の受入は，現在の「不透明感」を助長させるものとしてしか考えられないのも無理はない。

(10) 巨大メディア，ネット

いうまでもなく，ネットはテレビなどと同様，もはやそれ以上の影響力をもつ巨大メディアである。しかも新聞などほかのメディアと異なり，個々人が何の制約も検証も受けず発信でき，その意見は誰にも修正されず，受け手は自由かつ簡単にその意見サイトにアクセスできるメディアである。以前より「深く考え，悩む人が減った」状況もあいまって，ネット上の意見に右往左往される多くの人々が生じている。外国由来の人の受入という重要な問題も，おおいにこのネット上の意見に振りまわされている。

4　友多の8つ目の質問

友多はいろいろ調べて，考えて，わかったことがある。しかし，まだわからないこともある。そのなかで最も大きなものは，「日本の政府は何をしているんだろう」ということだ。外国に由来のある人の数え方でも，日系人の受入でも，日本語教育プログラムでも，国はあまりいい仕事をしていないようだ。だから

多くの人が混乱して，かえって社会的に面倒な問題が起きて，若い人に「外国人の受入反対」といった意見の人が増えて，一真の両親みたいに「外国嫌い」の人が増えてるんじゃないのだろうか。

> **質問8** これから日本政府は，国は，何をするべきなんだろう？

これが友多の8つ目の，最後の質問である。

5 国の多文化共生に関する施策
（1） 二の足を踏んでいる状況

これまで本書で述べてきた国の多文化共生に関する施策を整理してみよう。

①数え方：「移民」の受入先進国である米国，欧州などで統計的に移民の数を調べる際，日本のように国籍をベースに調査している国はもはや少数。
②日本語教育プログラム：日本における外国由来の人への日本語指導体制は，移民受入先進国からみれば「国の関与放棄」。日本語を「どのように教えればいか」は見えはじめているが，すべての基礎となる国の施策が不確定。そのため，日本全体としての日本語教育プログラムが始動せず。
③外国由来の子どもをもつ親には「義務教育」が適応されず，支援がまるで不十分。
④高度人材ポイント制：「優秀な外国由来の人が多く日本に住むようになれば，大きな経済効果がある」と官僚が真剣に試算をし，施策を立案実施中。しかし目標の4分の1しか申請なし。

これらの事項をみると，「国も多文化共生に関して問題意識を感じて手を打とうとはしているが，二の足を踏んでいる」という様子がうかがえるだろう。住んでいる外国由来の人向けの日本語教育プログラムは，それに必要とされる莫大な予算の獲得がブレーキになっている。政治家は，国民の理解が得られないと考えている。高度人材ポイント制が目標の4分の1しか利用されていないのは，高度人材の両親や子どものベビーシッターなどの呼び寄せ要件があまりに厳しいことが関係している。高度人材以外の人が大量に日本に流入して混乱

を招くことをおそれて、そのような要件を設定しているのである。

（2） 日本は魅力的な「移民先」か？

根本的に国レベルの多文化共生施策の根本に、この「外国人流入への恐怖」がある。実際には、日本という国は「移民先」として魅力的な国だとは世界の有能な人に思われていない。移民の受入体制が未整備で、国民の受入意識は低く、何より「原発事故のため放射能危険がある国」である。2011年に起きた原発事故の悪影響は、海外では日本国内の想像以上に大きい。

日本が世界からどう見られているかは、世界的かつ伝説的な投資家でかなりの知日家でもあるジム・ロジャース[73]（米国）の以下の指摘（日本経済新聞、2012年6月20日付）が的を射ている。

> 「日本は大好きな国だが、先ゆきはきびしい。（中略）日本が他国と決定的に異なるのは移民の受入にまったく消極的な点だ。日本人が外国人ぎらいを認めなくても、外国人の間で「日本人は外国人をきらいだ」という認識が定着している。様々な選択肢が増える中、優秀な多くの外国人が日本を目指そうという気にならない」

ロジャースは、優秀外国人が「移民先」として選ぶ国（ロジャース自身はシンガポールを選択しアメリカから移民）が「先ゆきが明るい国」としており、日本はそうではないために「先ゆきが暗い」と分析している。

単純労働者不足が明らかになった1990年ごろに南米の「日系3世にまで単純労働の門戸を広げる」という施策を決めた際、国は抜本的な外国人受入戦略を決めようとせず「一部だけゆるめる」という小手先で運用しようとした。結果として、自動車ほかの大工場がある愛知・群馬・静岡などに日系南米人の大集住地域が生じ、彼らのみを主対象とした施策立案を新たに迫られるような事態を招いた。そしてリーマン・ショックと原発事故のダブル・ショックで多くの日系南米人が帰国した現在、それらの施策は対象を失いつつある。

（3） 技能実習制度

外国人技能実習制度についても同様のことがいえる。中小企業などで日本の先進技術を3年間学んで帰国するという主旨の制度だが、実際は「低賃金労働

の温床」となっているケースが多く見られる。

　雇用者側からみれば，技能実習生は，日本人や通常の外国由来の人よりも安い賃金で雇用できる。いっぽう，被雇用者側の実習生にしてみれば，自国よりは高い金をもらって働け，日本の技術を学べる。その両者の思惑が一致しているのだ。しかし，実際にはパスポート取り上げなどの人権無視の待遇，労働事故発生の際の誠意のない対応，実修生同士の力関係の差によるトラブルと雇用者の見て見ぬふりなどの問題が発生しており，国際的に批判されている。前出の国連人権理事会は，2012年に日本に「外国人研修・技能実習制度の廃止」を勧告した。また，日本弁護士連合会は，2013年6月に同制度の早急な廃止を厚生労働省と法務省に提出した。

（4）　国民の意識が足かせ

　日系南米人や技能実習生の苦境は，日本政府が小手先の対応をしてきた結果である。その背景には日本国民全体の後ろ向きな姿勢がある。

　「移民を積極的に入れましょう」と主張する政治家が選挙に勝てるだろうか。むしろ「外国人ではなく日本の若者の雇用促進を」と訴えたほうが2ちゃんねるユーザーからの票を得られる。いわば多くの国民の意識が実施のうえでの足かせになっているのだ。

　一方で，「外国人流入への恐怖」をもって施策を立案・実施するのは，国の施策責任者としてある程度当然の姿勢といえる。たしかに，単純労働者が自分の家族・知人まで大量に呼び寄せた結果，社会的混乱を招いた例が世界にある。現状，国は「無用なリスクを取らない」という姿勢で徹底している。

6　2050年の日本社会を見すえて

（1）　子どもたちの将来

　しかし，現状はそれほど逼迫しておらず，急激な変化の必要性を感じないとしても，2050年，今から37年後，今の子どもたちがおじさん・おばさんになるころに，日本は先進国の地位を維持していられるのだろうか。このころには，日本の人口は現在より30％減少し，高齢化率は40％を超えると予想されてい

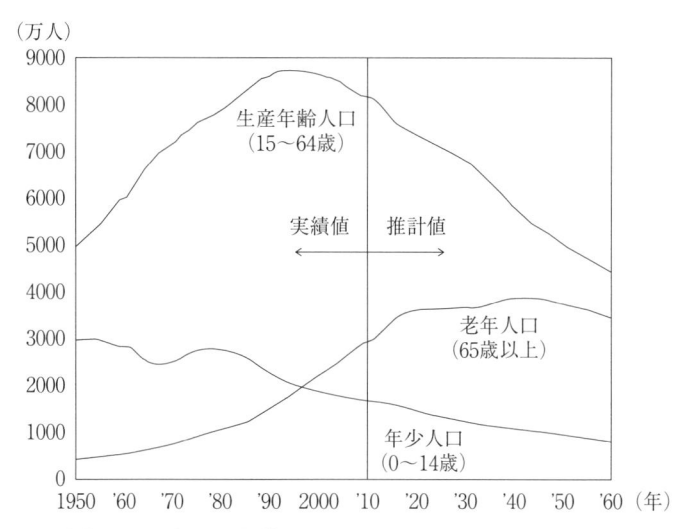

図 4　年齢 3 区分別人口の推移
出所：国立社会保障・人口問題研究所 2012

る。

　これまで述べてきたように，グローバル時代への適応では，日本は先進国中最低レベルといっていい。また，力をつけつつある中国や韓国との関係は悪化の一途をたどり，それらの国と積極的に付き合おうと考える国は「日本回避」を考えはじめている。さらに，何より大事な日本人のすぐれた特質である「コミュニケーションを取りながら協調して事を進める和の精神」「つまらないが大事な仕事を長期間黙々と続ける姿勢」「自己犠牲の姿勢」などがうすれつつある。加えて，ネット右翼，新ナショナリズムなどの内向きかつ攻撃的な姿勢はさらに国際世界から避けられる結果を招く。

　「今後も日本はずっと先進国でい続けられる」という根拠のない自信を持てる状況ではない。

（2）　各年代の 2050 年と 30 年後のビジョン

　今の先進国，日本をつくりあげる原動力になった現在 60〜70 代の人たちは，その先進国をみながら 2050 年より前に旅立たれるだろう。彼らは果たすべき

役割を果たしたのだ。

　60〜70代の人たちが必死に働いている下で勉強し，2013年現在の社会の主力となっている40〜50代の人たちは，2050年にはかろうじて生きているか旅立っているかだ。生きていれば，先進国から転落しつつある日本の状況を憂い，子どもたちの将来に暗澹たる思いを抱いているかもしれない。自分たちの「無策」の責任を感じながら。

　生まれたときから先進国の国民で，しかしながら長い不安のなかを生きてきた現在20〜30代の人たちは，2050年の社会の主力か，主力から外れつつあるかだ。彼らは，現在よりさらに自分たちの力ではどうにもならない厳しい状況に直面して絶望しているかもしれない。

　そして今の子どもたちである。彼らには何の責任もない。しかし彼らは「先進国の国民だ」という，2013年現在の私たちが当然のようにもっている「誇り」をもてなくなる可能性がある。仕事は不安定で，収入は少ない。将来を考えても先進国に戻る道筋はほとんど見えない。G7からは「もはや世界の経済的主要国ではない」と通告され，はるか以前にメンバーから外されている。重要な国際情報は，すでに趨勢が決まってからようやく入ってくる。日本に移民しようなどという人は，周囲から「物好き」「変わり者」といわれる……。

　今の子どもたちは，確実に今の私たちの決断のツケを払わされるのである。上記のように先進国から転落した「昔の大国」の国民として不遇の人生を送るのか，独自の発展の道を見いだした「強国の一角」の国民として自信と誇りをもって生きるのか。

　多文化共生の問題を考える際，この「2050年に日本はどうなっているか」という視点を欠いてはいけない。今の私たちの決断が「子どもたちの未来」を決める。自分たちの「4，5年先の小さな利益」ばかり考えていてはいけないのである。

　また，単なる「少子化対策」や「労働力不足の補完」といった次元で外国由来の人の受入を考えるべきではない。後向きの議論では「元気」は生まれない。将来の後退を招かないための，現時点での前向き，かつ攻めの議論が必要とさ

れている。

（3）外国の人と一緒に住んでいると「いいこと」

第2章で述べた，外国の人と一緒に住んでいると「いいこと」をもう一度考えてみよう。

①**多様性**　同一性にとらわれている日本人に抜本的な発想の転換をもたらす。また，多様性そのものが大きなビジネス・チャンスになる。地域の経済発展にもつながる。

②**地域での外国人と日本人のつながり**　日本人同士ですらコミュニケーションが希薄になっている現状で，新たな異文化のつながりの喜びをもたらす。一般の日本人に世界につながる楽しさを教えてくれるだろう。

③**グローバル人材の地域での育成**　日本人の若者にグローバル人材として生きるきっかけを与える。そして「（日本だけで）仕事を探しても職がない」と嘆いている状況から，「世界を股にかけてワイルドに働こう」という発想の変換をもたらす。

④**すぐれた外国人材による日本社会の活性化**　これにより，助け，助けられるという対等で温かな関係を日本の地域社会に甦らせる。また，日本にない発想，能力，愛情の恩恵を受けられるようになる。

⑤**日本を深く知る**　知っているようであまり知らないでいる本当の日本の「よさ」「強さ」「深さ」を私たちに再認識させ，改めて日本への誇りを見いださせる。

このように多文化共生の「いいこと」は，近視眼的ではなく長期戦略的に「日本そのものの元気」をつくりあげることに役立つことがわかる。先進国が移民受入の危険性を知りつつもその門戸を閉ざさないのは，その有用性を十分に認識しているためである。

（4）法務省の2010年の提言

法務省が2010年3月に公表した「第4次出入国管理基本計画」のなかに，「外国人の受入れについての国民的議論の活性化」という節がある。その一部を紹介する。

> （人口減少についてふれたうえで）外国人の受入れはどうあるべきか，我が国の産業，治安，労働市場への影響等国民生活全体に関する問題として，国民的コンセンサスを踏まえつつ，我が国のあるべき将来像と併せ，幅広く検討・議論していく必要がある。
>
> 我が国の将来の形や我が国社会の在り方そのものに関わるこの問題について，国民的な議論を活性化し，国全体としての方策を検討していく中で，出入国管理行政においても，その方策の検討に積極的に参画していく。

法務省はこれまで原則的に「管理」する側にあり，このように受入れへの前向きな議論を呼びかけることは少なかった。その法務省が変化せざるを得ないほど，日本の現状は厳しい。同時に法務省の前向きな姿勢は，大変勇気づけられるものである。法務省が述べているように「わが国社会のあり方そのものにかかわるこの問題」に正面を切って取り組むべき時が来ている。そして，日本が世界に向けて「真の開国」を宣言できたならば，もちろん混乱や不安定も生じるが同時に多くの「いいこと」がもたらされるのである。

（5）　政治家の多文化共生に関する姿勢

第2章で紹介した「外国人との共生社会」実現検討会議（担当大臣ほか関係する省の副大臣で構成）が2012年8月に発表した「外国人との共生社会実現に向けて（中間的整理）」には，以下のような説明がある。

> ・（現状では）国際社会における開かれた国としての評価を低下させることにもつながりかねない。
> ・「外国人の受入れのあり方」についての本格的な議論は，次のステップの問題として，今後，中長期的観点から国民的コンセンサスを踏まえつつ行われるべきものである

このように法務省同様，関係する政治家も日本国民の意志を聞いたうえでの本格的な議論を提言している。

また，現在の安倍政権の成長戦略第3弾でも，「国籍を超えたあらゆるイノベーションを日本中で起こす」「世界中から技術，人材，資金を集める都市をつくりたい」「世界で一番企業が活躍しやすい国の実現」と述べ，国策としての外

国由来の人受入と日本人も含めた人の移動に言及している。確実に状況は動きつつある。

　現在は中央省庁，政治家レベルでこのような認識がもたれるようになっているのである。昨今の過激なまでの在日韓国人・朝鮮人への排斥行動・言動や外国人受入れへのヒステリックな反応は，このような「トップレベルの変化」を感じ取った「受入反対勢力」がなりふり構わずに示威行動に出ている結果かもしれない。しかし過激な行動は，「穏やかで妥当な判断力のある多くの日本人」の反発を買っており，逆効果だと思われる。

回答8　**質問8**　これから日本政府は，国は，何をするべきなんだろう？

外国由来の人に関する基本法を制定する

1　外国由来の人に関する基本法制定へ

（1）　意見まとめの国政選挙と基本法の制定へ

　次に求められる行動は，「2050年の日本は今のままで大丈夫なのか」という国民的議論を巻き起こし，全国民を対象に「外国由来の人に関する基本法（以下，基本法）」制定に関して2005年の「郵政選挙」のような国政選挙を行うことである。法務省が2010年に主張したように，「国民的コンセンサス」を得たうえで進めるのである。

　これまで述べてきたように，外国由来の人との共生のさまざまな施策において，国も無策だったわけではない。日本語教育においては文化庁が，入国管理に関しては法務省が，就労政策では経済産業省が，ほかにもさまざまな省庁がそれぞれの立場で検討し，施策を発表・実施してきた。その行為は無駄ではなく，ある程度評価されるべきものである。しかしながら，その取り組みが状況の改善につながっていないのが実情である。改善するには，教育・就労・医療・社会保障・住宅・産業・地域づくりなどに関し，関係府省の横断的な取り

組みが求められる。それには，現行の枠組みでは限界がある。そのため，関係府省すべてがかかわる「基本法」の制定が必要なのである。

　個々の施策も大事ではあるのだが，根本に「基本法」がなければ，予算づけにおいても，関連府省の深い連携および新たな府省の設置においても，さらに施設の整備においても話が進まない。韓国は2006～2008年に「在韓外国人処遇基本法」など関連法案を制定することで，一気にこれらの問題を解消した。また，「優秀な韓国の学生が真剣に『韓国語教師』になることを考える」ようになるなどの好変化が起きており，それらの効果は日本でも期待できる。

　カナダは世界で初めて，1988年に多文化共生に関する法律，多文化主義法を成立させた。そして，そのなかで10項目のカナダ政府による多文化共生に関する政策を定めている。また，法律までは定まっていないが，多文化共生の基本政策を定めている国はかなりの数に上る。

（2）　国民的コンセンサスの成立へ

　日本においては，韓国のような政治主導は困難であるし，なじむものでもない。むしろ心ある日本国民に「2050年」について真剣に考えさせれば，多くが「基本法」成立の賛成に回るだろう。ネット右翼，在日特権を許さない市民の会のデモなどによる行動，言動が以前より目につく昨今ではあるが，国政選挙の動向に大きな影響を与えるほどの大多数ではない。とくに，内閣府の2004年の外国人労働者の受入調査で，「高齢者や女性の活用を図ったり，就労環境の改善や技術革新，情報化関連投資等労働生産性向上に努め，それでも労働力が足りない場合には，受け入れることもやむを得ない：45.0％」と回答した人々は「基本法」制定の賛成に回ると予想される。さらに積極的受入派15.3％と合わせれば，過半数を超えると読む。

（3）　国を変えようという行動そのものによるメリット

　また，基本法制定を争点にした国政選挙参加により「大きく国の姿を変えよう」と国民自らが悩み，決断すること，それ自体が巨大なメリットになりうる。関係府省が決めた小手先の受入ではなく，政治主導でもなく，自分達国民が決断した変化になるので，それへの取り組み方も前向きで建設的なものになるだ

ろう。いわば,「無策の放棄」である。そのことが「外国由来の人への受入意識変革」に及ぼすプラスの影響は巨大だろう。

「基本法」制定後は,地域レベルでは対応不可能な巨大な課題の解決に向けて国が主体的に動き出す。とくに第2章の回答2**2**で述べた「外国由来の子どもへの教育未整備」は,「待ったなし」である。彼らは日々成長し,不登校の悪影響は日増しに大きくなっていくのだから。ほかにも,外国由来の人向けの「就労」「医療」「保険」「介護」などの課題解決も進むだろう。

広範な議論,さらに国政選挙参加を経て,「日本独自の基本法」を制定できるかどうか。そのことに,現在の子どもたちの将来がかかっている。

友人の在日韓国の人が,新大久保での在特会のデモや鶴橋でのヘイトスピーチの話をしたうえで,「今は確かに暗い時代です。とっても暗いけど,明るくなる前が一番暗いっていうじゃないですか。これからよくなるかもしれない。そう思ってるんです」と述べていた。

2 友多のこれから

（1） 両親の帰宅

父　「ただいま～」

母　「あー疲れた」

友多の両親が帰ってきた。友多の両親は,「まちづくりのNPO」の中心メンバーとして活躍している。本業をもちながら,その本業での知識やネットワークを駆使しつつ,松本市をよりよい町にしようという活動を展開し,松本市役所との協働も行っている。そのため,週末はしょっちゅういない。さまざまな会合やイベントが週末にあるためである。

友多「お帰り～。今日はなんかおもしろいこと,あった？」

母　「んー,あいかわらず頑固なじいちゃんたちと若くて威勢のいい人たちとの溝が埋まらないなー。お互いが町を元気にしようと思ってる点は同じなんだけど,方法論がまるでちがうというか…」

友多「何か変えようというのは怖いもんね。とくに長いこと,それを見て親

しんできた人には」

母 「わかったふうなこと言うね。でも若い人たちにもすり合せようって気持ちが足りないんだよね…」

(2) 外国由来の人からの提言

そのとき、ロッキングチェアに座って足をブラブラさせていた友多の父親が話し出した。

父 「そうそう、おもしろいことあったぞ。友多が騒いでいる多文化共生ってヤツ？ 身体のでっかい黒人のおっさんが今日の集まりに来てたんだよ」

母 「あぁ、そうだった。日本語話さなくて、英語でベラベラしゃべってたわね」

父 「あれ、それなりにおもしろかったよな」

友多「何、なんて言ってたの？ その人」（友多は身を乗り出した）

母 「あのねぇ、しきりに Diversity, Diversity って言ってたわね。日本語にすると『多様性』ってこと」

友多「うん、わかるわかる」

母 「彼はね、松本にもっと多様性を入れれば、それがビジネスになるんだって一生懸命言ってた。外国人の観光客が多いんだから、それ向けの店とか宿をつくったり、住んでいる人にもっと空き家や空き店舗を開放してエスニック料理店を開かせたり、そういうことができないのかって」

友多「で、ほかの人、なんだって？」

母 「うーん、話がちゃんと理解できた人、あまりいなかったみたい。それで、話をつめる前にほかの話題になっちゃって、結局、時間切れ」

友多は「もったいないなー」と思った。皆、まちづくりの会合に週末に出てくるくらいなのだから、真剣に松本をよくしようという考えでは一致しているのだ。しかし、歩み寄ることができない。いつまでも平行線である。しかも、その黒人さんのような、まるっきり別の発想をもって来られるとフリーズする。

そういうところにこそ，現状を打開するヒントが転がっているかもしれないのだが。

でも，そういう人がこれからどんどん増えたらどうなるだろう。さらに，そういう人の意見が無視されないぐらい多数になっていけばどうか。松本の町も，もっとおもしろい方向に変わっていきそうだ。

（3） 友多の決心

友多は前から決心していたことを両親に伝えることにした。

  友多「父さん，ぼく，日本語ボランティアになることにしたよ」

  父　「ボランティア？　お前みたいな小6でも何かやれること，あるのか？」

  友多「うん，僕だって勉強の日本語（学習日本語）は詳しいからね，小学校の2，3年の外国の子に，そういう勉強の日本語を教えるんだ。

   前に自転車で30分ぐらいの日本語教室を見に行ったら，おばさんたちが教えてたんだけど，僕を見たらおいでおいでってして，『私たちみたいな年寄りじゃなくて，君ぐらいの子が教えてくれると助かるんだよね』って言ってた。

   そんで，小3のペルーの女の子だったけど，少し教えてみたんだ。そしたら『単位』って言葉がわからなくて困ってた。ほかにも漢字とかいろいろ」

  母　「友多でも活躍できるんだ。いいじゃない。やってみたら。

   …でも，やる以上はちゃんと続けるのよ。3，4回でやめちゃダメよ」

  友多「だいじょうぶだよ，一緒にいるの，楽しいもん。妹ができたみたい」

友多は，多文化共生について調べただけではなく，自分の道を見つけて歩き出したようだ。現場に出ることで，さらに深くいろいろなことを学び，感じ，覚えていくことだろう。

2050年，48歳になった友多が，世界から人が集まる，先進国の誇りがもてる「日本」に生きていられますように。

注　記

1）松本市のMウイング：　松本市役所の施設の1つで，松本市の中心部，伊勢町通りに位置する建物。市の生涯学習課，人権男女共生課などが入っている。
2）NPO法人：　**N**on**p**rofit **O**rganization の略称。非営利での社会貢献活動や国際交流活動を行う団体。県など自治体の認証を受けている。
3）共催：　1つのイベントを2つ以上の団体が共同で主催すること。
4）南米系：　ペルー，ブラジル，アルゼンチン，ボリビアなど南アメリカ大陸の国々の人を総称していう。
5）日本に来ると3日でブラジルの1カ月分ぐらい稼げるといわれたのは，かなり以前の情報で現在は異なる。ブラジルでは経済発展にともなって物価が急上昇しており，日本との物価差は縮まっている。
6）2010年頃：　2008年9月にアメリカのリーマン・ブラザースが破綻したことによって発生した世界経済危機が日本に本格的に波及し，外国由来の人のクビ切りが続出するようになったのは2009年夏ごろから。2010年にはその深刻な状況を取り上げたテレビ番組が複数放映された。
7）松本市多文化共生プラザ：　松本市中央公民館2階にある市の施設。国際関係のさまざまな相談や情報収集・発信などができる。イベントも複数実施。第3章13節に詳述。
8）consulta Portugues：ポルトガル語で「ポルトガル語相談」という意味。
9）ポルトガル語：　日本に多く住んでいる日系ブラジル人の母国，ブラジルの公用語はポルトガル語。南米はスペイン語を公用語とする国が多いが，ブラジルのみ異なる。
10）タガログ語：　フィリピンの公用語。ちなみにフィリピンは英語も公用語としている。
11）外国人の集住地区：　外国由来の人が集中して住んでいる場所。家賃が安い公営住宅などがある，大きな工場などの職場に近い，コミュニティができているなどの成立条件がある。
12）白地にいろんなマーク（のついた国旗）：　太極旗。大韓民国の国旗で，太極，陰陽，卦などを表している。
13）（韓国で住んでいる外国人を）あんまり見たことないなぁ：　事実誤認。ソウルにも実際は中国や東南アジアからの労働者が多く住んでいる。ただしアンサン等工業都市のほうが集住度は高く，地方にも国際結婚で来た女性が多いため，ソウル地域以外の韓国人のほうが外国人増加を実感している。
14）ポスター（セッション）：　自分の団体の説明や自分の研究内容などを大きな紙に書いて，見に来た人に説明する発表の形態の1つ。「こいこい松本」では，10数枚のポスターが並んでいる。
15）ボランティア：　先駆性，自発性，利他性などにもとづくボランティア活動にかかわる人たち。以前は無償性もいわれていたが，最近は有償でもボランティア活動とされる。
16）日本語で日本語を教える：　直接教授法という言語教育法の1つ。国内で行われている日本語教育の大部分がこの直接教授法を採用している。地域の日本語教室も同様。
17）ALT：Assistant Language Teacher。日本の学校で補助的に外国語の授業をする指導

161

助手で，その言語の Native（英語ならアメリカ人など）が選ばれることが多い。ALT の大部分が英語の指導助手。

18）日本語教室：　正確には「地域のボランティア日本語教室」。住んでいる外国人がほとんど無料で日本語が学べるように，地域の日本人が自発的につくり，行政組織が支援していることが多い。第2章質問5に詳述。

19）受託：頼まれて引き受けることだが，ここでは松本市役所が外部団体に委託した仕事を CTN が引き受けたことを意味する。

20）和っしょい：　信州大学のダンス・サークル。地域のイベントに積極的に参加して盛りあげている。また，名古屋で開かれる日本最大級のダンスの祭典「日本ど真ん中祭り（通称どまつり）」で 2013 年に金賞を取ったほどの実力がある。

21）在住外国人：　観光客やイベント関係者のような短期滞在の外国人ではなく，住むことを前提に日本にいる外国人。ビジネスマンや単純労働者のような働く人，留学生のような学ぶ人などさまざまである。

22）外国籍：　日本国内での日本以外の国籍。

23）母語：　人間が幼少期から最も自然に習得する言語。

24）公用語：　ある地域，共同体などにおいて公に使用されることが定められている言語。複数の言語が用いられている地域や共同体で，意志の疎通を容易にするために定められる。

25）入国審査官，外国人入国の手続き：　国際空港には法務省・入国管理局の支局があり，出入国する人は入国審査官のチェックを受ける。外国人の場合は 2012 年 6 月までは登録外国人統計に，2012 年 7 月からは在留外国人統計にカウントされる。

26）日系 4 世：　以前，日本からさまざまな国に移住した日本人の第 4 世代。1 世が実際に移住した者で，4 世はその曾孫（ひ孫）にあたる。

27）特別永住者：　1991 年より定められた在留資格で，日本の旧植民地（朝鮮，台湾など）から戦前に日本に移住し，1952 年以降も住みつづけている人々が取得している。

28）新しい在留管理制度：　「出入国管理及び難民認定法」が 2012 年に大幅に改正されて始まった制度。在留カードの交付，在留期間上限の伸長，再入国許可制度の簡素化・不要化などからなる。

29）「外国人との共生社会」実現検討会議：　2012 年 5 月に設置された，外国人労働者問題担当大臣を議長，関係府省の副大臣級を構成員とする会議。8 月に「外国人との共生社会の実現に向けて（中間的整理）」という提言を発表。

30）超級：　言語の習得区分の 1 つで，一般的にいわれる初級・中級・上級のさらに上の区分。仕事レベルで何不自由なく駆使できる言語能力をさす。

31）高文脈言語：　直接的に言葉で説明しなくても，前後の文脈で相手に意図を伝達させようとする言語。「今日は暑い」という発話を聞いた人が発話者の意図を察してクーラーをつけるなどの言語行動が生じる。

32）非言語コミュニケーション：　発話をせずに，あいづち・ジェスチャー・視線・表情などを介して行われるコミュニケーション。

33）社会保障：　失業や病気などの生活上の問題に備えて，貧困を予防し生活を安定させるために，国家などが所得を保障し，医療・介護などの社会サービスを給付すること。

34）地方行政機関：地方公共団体（都道府県・市町村など）の行政機関または地方法務局，税務署など国の機関で権限が地域に限定されているもの。
35）施策： 政策や対策を立案し，それを実際に行うこと。
36）脱亜入欧： 明治時代初期に当時の政府の施策の背景にあった思想。岩倉具視を団長とする「渡欧使節団」が帰国後にもたらした一面がある。
37）板前： 日本料理店で日本料理をつくる人。まな板の前に立つ人という意味。
38）漢語： 日本語のなかに用いられる中国から導入された単語群。日本で新たに合成された漢語もある。
39）語種： 日本語の単語を出自によって分けた種類。和語・漢語・外来語・混種語がある。
40）アイデンティティ： 自己同一性。自分の出自，立場などをしっかり理解し，確認できていること。それを拠り所に成長していく。
41）日本語を母語としない子と親のための進学ガイダンス： 長野県国際化協会（ANPI）が主催しているガイダンスで，高等学校進学を想定している生徒とその親を対象に，高等学校受験制度やそのために必要な取り組みなどを説明している。高等学校に合格した先輩の話も聞かせている。
42）ヒスパニック系： 中南米に由来をもつ人々でアメリカ合衆国に居住することが多い。実際には多くの人種の混じった横断的な人種。現在，数では黒人をぬいて最も多いマイノリティーになっている。
43）日本特殊論： 日本文化や日本人が特殊であることを前提に論じられた日本人論
44）多文化共生の推進にかかわる研究会報告書： 多くの地方行政組織に非常に大きな影響を与え，実際の地方での多文化共生施策の進展に寄与した報告書（http://www.soumu.go.jp/kokusai/pdf/sonota_b5.pdf）。
45）グローバル人材： さまざまな言語を駆使し，さまざまな文化を深く理解し適応ができ，さまざまな人とディスカッションやネゴシエーションをしつつ世界を舞台に仕事を進めていける人材。単に英語ができる人材ではない。
46）やさしい日本語： 外国由来の人に日本語習得をさせるだけでなく，日本人側も彼らがわかりやすい簡単な日本語を使おうという取り組み。文法，語彙，文の長さ，漢字使用などに配慮する。
47）韓国で主に国際結婚により生じた家族の支援を目的に設立された組織。全国に200カ所以上ある。相談受付，韓国語教育，情報提供，雇用斡旋などの業務を担当。
48）外国由来の人の散住地域： 集住地域の反対の意味で，広い範囲に離れて外国由来の人が住んでいる状況。集住とは異なる対応困難な状況が見られる。
49）市民団体： 市民が多くの人を集めて社会を動かす，団結して状況改善をめざすなどを目的として設立する団体。
50）特定非営利活動促進法： 1998年に施行された特定非営利活動法人について規定されている法律。ボランティアなど市民が行う自由な社会貢献活動の発展を促進し，社会のプラスになることをめざして制定。
51）外国人集住都市会議：日系南米人を中心とする外国由来の人が集住する自治体の行政または国際交流協会などで構成され，メンバー間の意見交換とともに，問題の解決に向

けて中央省庁や政治家などとも連携しつつ取り組んでいる会議。
52) 中信：長野県中部地区の通称。県を4分割した西部。松本市を中心に，安曇野市・塩尻市・山形村などが入る。
53) 松本市市民活動サポートセンター：市民団体などの活動を支援・促進し，市民協働を推進するために松本市役所が設置した拠り所的施設。
54) 人権・男女共生課：松本市役所の部課の1つで人権啓発，男女共同参画などを推進させることがミッションとされている。松本市役所本庁舎ではなく，Mウィング3階に事務所がある。
55) 学校教育課：松本市役所の部課の1つで「入学・通学」「学校運営への指導」「奨学金や施設の運用」などの業務を担当している。
56) 所轄庁：その行政事務を取り扱っている官庁をいう。NPO設立に関しては，そのNPOの主たる事務所がある都道府県の知事が所轄庁になる。
57) 収益事業：NPOであっても，収益を構成員に分配しないことなど種々の条件を満たせば収益を上げる事業を行っても構わないとされている。
58) ファンドレイザー：NPOなどが活動するために必要な資金を個人・社会などから集めることに長けている人。
59) 地域における多文化共生推進プラン：2006年に総務省が発表したもので，全国の地方行政組織に多文化共生の推進に係る指針・計画の策定を働きかけたもの。これを機に全国の行政で多文化共生の施策が進んだ（http://www.soumu.go.jp/kokusai/pdf/sonota_b6.pdf）。
60) 庁議：行政組織における最高レベルの意志決定，連絡調整機関。
61) パブリック・コメント：行政組織などが規則や命令等を新たに制定する前に，ネットなどを利用して広く意見や改善案などを求めること。
62) DV: Domestic Violence，家庭内暴力の略称。日本人家庭と同様に国際結婚の家庭においてもDVは深刻な問題となっている。
63) OJT: On the Job Trainingの略称で，実際に実務経験を積みながら必要とされる知識や技術を習得させるトレーニング方法。
64) 移民庁：2008年に当時の自民党政権の有力政治家を中心にするグループが設立を提言したもので，外国由来の人の受入や管理政策を担当することを想定していた。
65) 1000万人移民の受入：移民庁同様に上記のグループが提言した内容。広く社会的な論議を巻き起こした。
66) 外国人労働者の受入れに関する世論調査：調査員による個別面接聴取で実施された調査で，外国人労働者に対する意識，受入れ，受け入れる環境整備，不法滞在者問題などを質問した。
67) K-pop：大韓民国の大衆音楽のうち伝統的な音楽を除いたもの。
68) ヘイト・スピーチ：嫌悪主張などと訳される。対象に対し憎悪をこめ，それがこめられていることがわかる発言や主張をすること。
69) ヘイト・デモ：多人数で集合し，大声でヘイト・スピーチをし，プラカードなどにも過激な主張を書いて行うデモ。
70) 在日特権を許さない市民の会：在日韓国人・朝鮮人の特別永住許可などを廃止する

ことなどを目的に2007年に設立された組織。ヘイトデモなどを主導している。
71) 上野千鶴子： 社会学者。家族社会学，ジェンダー論などを専門とする。著書『おひとりさまの老後』は大きな話題になった。東京大学名誉教授。
72) 国連人権理事会： 2006年に国連総会で採択された決議にもとづき，人権分野への対処解決能力強化を目的に創設された理事会。2008年から普遍的定期的審査（UPR）制度が始まっており，世界各国の状況を審査したうえ勧告を行っている。
73) ジム・ロジャース： 米国アラバマ州出身の投資家。ジョージ・ソロスとともにクォンタム・ファンドを設立。ヘッジ・ファンドの先駆者。2002年にシンガポールに移住。

参考文献

内閣府政府広報室（2013）「日系定住外国人に対する特別世論調査の概要」 http://www8.cao.go.jp/teiju/kaigi/h25/0510/pdf/s2.pdf
文部科学省（2013）「日本語指導が必要な児童生徒の受入れ状況等に関する調査（平成24年度）の結果について」 http://www.mext.go.jp/b_menu/houdou/25/04/__icsFiles/afieldfile/2013/04/03/1332660_1.pdf
文化庁文化審議会国語分科会日本語教育小委員会（2013）「日本語教育の推進に向けた基本的な考え方と論点の整理について（報告）」 http://www.bunka.go.jp/kokugo_nihongo/bunkasingi/pdf/suishin_130218.pdf
法務省（2013）「高度人材ポイント制の見直しの方向性について」 http://www.kantei.go.jp/jp/singi/keizaisaisei/skkkaigi/dai8/siryou6.pdf
法務省（2013）「平成24年末現在における在留外国人数について（速報値）在留外国人数」 http://www.moj.go.jp/content/000108878.pdf
川本綾（2013）「韓国の多文化政策と在韓華僑─仁川チャイナタウン構想を事例に」『移民政策研究　Vol.5』
日本経済新聞（2013.7.1付朝刊）「外国人専門家，なぜ来ない─目標の4分の1，在留資格優遇も年収，学歴が壁」
勝家隆（2013）「松本市の多文化共生事業について─地域国際化推進アドバイザー派遣事業の活用を通じて─」『自治体国際化フォーラム』 http://www.clair.or.jp/j/forum/forum/pdf_282/09_katuyou01.pdf
信濃毎日新聞（2013.5.10付朝刊）「松本の特別支援教育支援員　掛野アナマリアさん　愛と忍耐で心育てて」
「外国人との共生社会」実現検討会議（2012）「外国人との共生社会の実現に向けて（中間的整理）」 http://www.cas.go.jp/jp/seisaku/kyousei/240827seiri.pdf
ヘイトスピーチとレイシズムを乗り越える国際ネットワーク（2013） http://norikoenet.org/index.html
国立社会保障・人口問題研究所（2012）「日本の将来推計人口（平成24年1月推計）《報告書》」 http://www.ipss.go.jp/syoushika/tohkei/newest04/hh2401.asp
法務省（2012）「平成23年末現在における外国人登録者数について（速報値）　外国人登録者総数」 http://www.moj.go.jp/content/000094842.pdf
金箱秀俊（2012）「移民統合における言語教育の役割─ドイツの事例を中心に─」『レファレンス』2010年12月号　http://www.ndl.go.jp/jp/
金田智子（2012）「在住外国人に対する「言語学習」の重要性」『自治体国際化フォーラム』自治体国際化協会　http://www.clair.or.jp/
佐藤友則・朴成泰（2012）「韓国在住外国人支援の実態と日本の多文化共生施策の今後」『信州大学国際交流センター紀要』 http://www.shinshu-u.ac.jp/institution/suic/upload/pdf/publications/ekiyou_5.pdf
イルメリン・キルヒナー（2012）「ドイツの在住外国人に対する言語学習制度」『自治体国際化フォーラム』自治体国際化協会　http://www.clair.or.jp/

「松本市とその近くの日本語教室」（2012）『松本市公式ホームページ　くるくるねっとまつもと』　http://www.city.matsumoto.nagano.jp/

安藤洋行（2012）「フランスの在住外国人に対する言語学習制度について」『自治体国際化フォーラム』自治体国際化協会　http://www.clair.or.jp/

大岡栄美（2012）「カナダにおける移民政策の再構築―「選ばれる移住先」を目指すコスト削減とリスク管理」『移民政策研究』Vol.4

武藤晶子（2012）「韓国における在住外国人に対する言語学習制度について」『自治体国際化フォーラム』自治体国際化協会　http://www.clair.or.jp/

法務省（2012）「在留外国人統計（旧　登録外国人統計）統計表」　http://www.moj.go.jp/housei/toukei/toukei_ichiran_touroku.html

川上深志（2012）「オーストラリアにおける言語教育について―ニューサウスウェールズ州を例に」『自治体国際化フォーラム』自治体国際化協会　http://www.clair.or.jp/

佐藤友則（2011）「松本市の多文化共生と中信多文化共生ネットワーク」『信州大学国際交流センター紀要』　http://www.shinshu-u.ac.jp/institution/suic/upload/pdf/publications/ekiyou_3.pdf

大脇雅子（2011）「外国人研修生・技能実習生をめぐる課題」『Migrant Network』No.138

日本語フォーラム全国ネット（2011）『多文化共生社会の実現とそのための教育の公的保障を目指す神戸宣言』

西原・野山・小山・加藤・舟橋（2011）「地域における日本語教育の展望―日本語教育の総合的推進を目指して」『文化庁月報』No.515　http://www.bunka.go.jp/publish/bunkachou_geppou/2011_08/special/special_03.html

多文化共生推進プラン（2011）松本市公式ホームページ「くるくるねっとまつもと」　http://www.city.matsumoto.nagano.jp/kurasi/tiiki/jinken/jinken/8701452012082015305 7152.files/matsumoto_tabnkakyousei_plan.pdf

法務省（2010）「第4次出入国管理基本計画」　http://www.moj.go.jp/content/000054439.pdf

川上郁雄編（2010）『私も「移動する子ども」だった』くろしお出版

春原憲一郎・井上洋・松岡洋子・足立祐子・塩原良和・野山広（2009）『移動労働者とその家族のための言語政策』ひつじ書房

国立国語研究所・日本語教育基盤情報センター（2009）「生活のための日本語：全国調査」結果報告＜速報版＞」　http://www.ninjal.ac.jp/archives/nihongo-syllabus/research/pdf/seika_sokuhou.pdf

臼井智美（2009）『イチからはじめる　外国人の子どもの教育』教育開発研究所

文化庁文化審議会国語分科会（2009）「国語分科会日本語教育小委員会における審議について」　http://www.bunka.go.jp/kokugo_nihongo/kyouiku/pdf/curriculum_shingi_ver04.pdf

近藤敦（2009）「なぜ移民政策なのか」『移民政策研究』Vol.1

山脇啓造（2009）「多文化共生社会の形成に向けて」『移民政策研究』Vol.1

「外国につながる子どもたちの物語」編集委員会（2009）『クラスメイトは外国人』明石書店

殿村琴子（2008）「外国人子女の不就学問題について」第一生命保険 Watching　http://group.dai-ichi-life.co.jp/dlri/ldi/watching/wt0807b.pdf

平高史也・野山広・春原直美・熊谷晃（2008）『共生―ナガノの挑戦』信濃毎日新聞社

丸尾眞（2007）「ドイツ移民法における統合コースの現状及び課題」　http://www.esri.go.

jp/jp/archive/e_dis/e_dis189/e_dis189_01.pdf
総務省（2007）「多文化共生の推進に関する研究会報告書 2007」 http://www.soumu.go.jp/main_content/000198588.pdf
総務省（2006）「多文化共生の推進に関する研究会報告書〜地域における多文化共生の推進に向けて〜」 http://www.soumu.go.jp/
佐久間孝正（2006）『外国人の子どもの不就学』勁草書房
内閣府政府広報室（2004）「外国人労働者の受入に関する世論調査」 http://www8.cao.go.jp/survey/h16/h16-foreignerworker/
田尻英三・田中宏・吉野正・山西優二・山田泉（2004）『外国人の定住と日本語教育』ひつじ書房
八田洋子（2003）「日本における英語教育と英語公用語化問題」『文学部紀要』文教大学文学部第 16-2 号　http://www.bunkyo.ac.jp/faculty/lib/klib/kiyo/lit/l1602/l160205.pdf
カトリック横浜教区滞日外国人と連帯する会（2000）『日本で暮らす外国人のための　生活マニュアル』スリーエーネットワーク

索　引

あ行
アイデンティティ　49,54
アメとムチ　33,81
委託　116,131
委託先　106
井上ひさし　71
移民　26
上野千鶴子　144
受け皿　83
ALT　15,32
永住者　30
思い込み　32

か行
外国人集住都市会議　95
「外国籍」住民　22
外国由来の人　28
介護　75
外人　7,27
ガイダンス　34,60,123
カウンター活動　144
学習日本語　50,57,73
学校教育課　114
漢語　45
帰化　25
帰属感　55
きっかけ　69
技能実習制度　149
キーパーソン・ネットワーク　88,122
寄付　118
基本法　78,155
教育プログラム　31,33,37
教師養成　38
行政　35,59
協働　17,92,94
グローバル　70
軍国主義　56
KIIP　80
経済産業省　66
K-pop　143

嫌韓　143
元気　39,65,153
健康づくり課　136
語彙　45,51
高度外国人材　66
高度人材ポイント制　66,148
国連　50
国連人権理事会　144
ゴミ　10,58,68
コミュニティ　61,87

さ行
在韓外国人処遇基本法　156
在日韓国・朝鮮人　25,28
在留管理制度　26
差別　72,79,128
差別禁止法　144
したたか　34,63
実態調査　10,126
社会貢献　77
弱者　70
集住地域　11,29,83,129
少子化対策　75
奨励措置　36
初期指導教室　113
人権・男女共生課　111
人種差別撤廃委員会　50
スタンプラリー　11
生活日本語　50
生活ルール　59
善意　35
尖閣列島／魚釣島　142
洗脳　42
羨望　42,49
戦略　29,34,47,57
総務省　37
疎外意識　38,75

た行
第三者　48,55

対等　40,65
竹島／独島　142
多言語相談員　132
ダブル　49,79
ダブル・リミット　54
多文化「強制」　141
多文化共生推進協議会　125
多文化主義法　156
多文化フェ　133
多様性　63
地域社会　41
ちがい　40
町会　69
通級　115
抵抗感　129
定住者　29
DV　79,132
敵意　55,57
適応　39
同一性　55,64,79
投資　37
特別の教育課程　57

な行

２ちゃんねる　56
日本語教室　14,83,113
日本語ボランティア養成講座　89
ネット右翼（ネトうよ）　147
農業　75
のりこえねっと　144

は行

バイリンガル支援員　113
ハーフ　6,18,49
バブル崩壊　64

半グレ　57
反日デモ　43
人手不足　29
不登校　53,56,128,157
普遍的定期的審査　144
ヘイト・スピーチ　56,69,143
ヘイト・デモ　143
蔑視　42
偏重　71
防災　61
法務省　67,153
保護者　117
母語　23

ま行

松本市子ども日本語支援センター　112
松本市市民協働事業提案制度　109
松本市多文化共生推進プラン　119
松本市多文化共生プラザ　8,129
文部科学省　57

や行

やさしい日本語　72
予算　37,38
予防接種　137

ら行

離婚　79,132
留学激減　145
留学生30万人計画　67
歴史認識　142

わ行

和語　45

【著者紹介】
佐 藤 友 則（さとう とものり）

信州大学グローバル教育推進センター教授
1965年生まれ。仙台市出身。新潟大学人文学部（社会学専攻）卒業後，2年間カメイ株式会社に勤務。退社後に東京で日本語教師の勉強を始め1991年から教えはじめる。その後，東北大学大学院文学研究科に進学し，博士課程のとき（1995年）に韓国・全北（ぜんほく）大学校の客員教授となる。3年後に帰国し，東北大学留学生センター非常勤講師を経て，1999年に信州大学留学生センター講師。2007年より現職。

〈多文化共生〉8つの質問
——子どもたちが豊かに生きる2050年の日本——

2014年3月14日　第1版第1刷発行
2020年1月30日　第1版第3刷発行

著者　佐藤　友則

発行者　田中 千津子　〒153-0064　東京都目黒区下目黒3-6-1
電話　03（3715）1501（代）
FAX　03（3715）2012
発行所　株式会社 学 文 社
http://www.gakubunsha.com

Ⓒ SATO, Tomonori 2014　　　印刷　亜細亜印刷
乱丁・落丁の場合は本社でお取替します。
定価は売上カード，カバーに表示。

ISBN 978-4-7620-2430-6